CREADOS PARA EL REINO

***VIVIENDO** POR ALGO **MÁS GRANDE** QUE TÚ*

PAUL DAVID TRIPP

PATMOS

Creados para el Reino: Viviendo por algo más grande que tú

Publicado por Editorial Patmos,
Miami, FL 33169

Originalmente publicado en inglés como *A Quest for More: Living for Something Bigger than You* por New Growth Press, Greensboro NC 27429

Traducido por Yvette Fernández-Cortez y Ana Leticia Santos
www.truemessage.co

Revisado por David Gomez

Diseño de portada e interior por Adrián Romano

ISBN: 978-1-64691-157-8

Categoría: Vida cristiana/Crecimiento espiritual

Impreso en Colombia | *Printed in Colombia*

Nada de lo que este libro representa habría sido posible sin las muchas personas que, a lo largo de los años, han sido mis maestros, mentores, ejemplos, asistentes y amigos.

Le doy gracias a Dios por ustedes y por su contribución a lo que Dios me ha llamado a hacer.

CONTENIDO

PREFACIO

Algunos libros son un análisis concentrado de un tema. Otros, despliegan un juego de habilidades o técnicas para un aspecto específico de la vida. Algunos otros registran la experiencia o el trayecto de una persona. Y otros más son divertidos o tristes.

El libro que estás por leer no cabe en ninguna de estas categorías.

Este es mi mejor intento para decirte lo que estás a punto de leer: El propósito de todo este libro es estimularte a pensar en un concepto bíblico central, el reino de Dios. Sin embargo, este libro no es una teología del reino, tampoco una exposición de los pasajes sobre el reino en la Biblia. No, es sencillamente una meditación sobre lo que Jesús quiso decir cuando nos llamó a "buscar primeramente su reino". ¿Cómo es en realidad expandir todo el contenido de nuestra vida para tocar el tamaño de su reino?

Ahora bien, el problema con los términos bíblicos como "reino" es que son términos conocidos, pero desconocidos. Es muy probable que nosotros los hayamos escuchado muchas veces, e incluso hemos usado en nuestras conversaciones, aunque sin entender realmente lo que significan. O es posible que sepamos técnicamente su significado, pero no la manera en que estos preparan la agenda para la manera en que vivimos cada día.

La discusión de vivir en el reino en este libro no surgirá en los corredores del seminario. Voy a llevarte a la calle donde es el momento de la verdad en la vida diaria. Quiero ayudarte a sopesar el llamado de Cristo desde el nivel de la calle. Y es mi esperanza que, a medida que hagamos esto juntos, primero te pondrás incómodo, pero pronto te animará, emocionará y motivará con la esperanza.

Dios te ha dado el regalo de su Hijo, no para que tu reinito tenga éxito, sino para darte la bienvenida a un reino mucho mejor. Bueno, ¿y eso qué significa?

PAUL DAVID TRIPP

INTRODUCCIÓN

UNA PALABRA SOBRE EL RECORRIDO

Leer se parece mucho a un largo viaje. Al principio, estás emocionado solo porque estás empezando. La anticipación es algo motivante. Sin embargo, en poco tiempo después de empezar el recorrido empieza a sentirse más largo de lo que pensaste que sería. A medio camino, simplemente no puedes esperar a que lleguen las señales de que el final se acerca. Empiezas a celebrar cuando ves el rótulo que te dice que solamente quedan unos kilómetros más.

Este libro es como ese viaje, pero tiene un recorrido muy particular. Quiero advertirte que leer *En la búsqueda de más,* a veces se sentirá como manejar desde Kansas hasta la costa del Pacífico. Es un recorrido magnífico, pero tan pronto te acomodas para el viaje y ya llegaste a las Montañas Rocosas. ¡Es fácil desanimarse mientras escalas un pico tras otro!

¿Qué es ese pasaje montañoso del que hablo? Bien, la mayoría de los primeros capítulos de este libro exponen las muchas maneras en las que todos tendemos a abandonar el gran reino por el reinito. Esta parte de tu recorrido a través del libro a veces será dolorosa. Sentirás como si hubieras escalado exitosamente un pico solo para darte cuenta de que tienes otro enfrente. Pero, ¡no te rindas! Una vez que dejes atrás los amargos picos de la humilde autoevaluación y hayas aceptado que tienes un problema, las vistas y los sonidos de la solución de Dios que están al final del recorrido te parecerán completamente hermosos.

A medida que empiezas este pequeño recorrido, recuerda: Es algo hermoso que sirvamos a un Dios insatisfecho que tiene en mente destinos para nosotros que nunca escogeríamos por nosotros mismos.

Realmente es algo bueno que Él no esté satisfecho hasta que nos haya llevado exactamente a donde Él nos creó y volvió a crear para que estuviéramos. La mayoría de nosotros habría estado satisfecha de quedarse en casa, y muchos de nosotros habríamos renunciado al viaje mucho antes de completarlo. Pero nuestro Padre celestial no se rendirá hasta que cada uno de sus hijos haya completado el recorrido.

Así que viaja conmigo, y te anticipo que hay montañas por delante. Sin embargo, no te desanimes. El océano estará a la vista, y el ardor de las montañas hará que tu llegada al destino sea muchísimo más dulce.

¿TE GUSTARÍA QUE TU VIDA
MARCARA LA DIFERENCIA?

1

EN LA BÚSQUEDA DE MÁS

Tras.cen.den.cia: estar por encima y afuera del rango ordinario de la experiencia humana

EN RESUMEN: FUISTE CREADO PARA SER PARTE DE ALGO GRANDE.

¿Alguna vez has querido involucrarte en algo que valga la pena? ¿Alguna vez te has preguntado por qué tu vida parece carecer de significado o propósito? ¿Alguna vez te has decepcionado cuando una posición, un logro, una posesión o una relación no te satisfizo? ¿Alguna vez has soñado que de alguna manera, de algún modo, tú serías parte de algo verdaderamente grande? Si es así, este libro es para ti. Este libro se trata de tener una vida que cuente para algo. Se trata de vivir para marcar la diferencia.

Ahora bien, sé que hay muchos libros escritos acerca del éxito, los logros y la influencia, pero este libro es diferente. Quiero llevarte por un recorrido, un viaje a través de la historia más grande que jamás se haya contado, y que se encuentra en el mayor libro que se haya escrito jamás: la Biblia. Es aquí, y solo aquí, que empezarás a descubrir no solo quién eres, sino para qué fuiste diseñado. Dios te ha colocado justo donde Él quiere que estés para ser parte de algo grande justo donde estás. Sí, fuiste hecho para marcar la diferencia, así que empieza conmigo este recorrido de descubrimiento.

REINAS DE BELLEZA Y LA PAZ MUNDIAL

Es una escena clásica en la cultura occidental. Ella se para frente a un micrófono, hermosa y serena, una finalista del concurso de Señorita Estados Unidos. El presentador del programa le pregunta qué es lo que le gustaría lograr durante su reinado, y ella dice "Me gustaría lograr la paz mundial, solucionar el hambre en todo el mundo y libertar a todos los periquitos enjaulados del mundo entero". Todos lo hemos escuchado como cien veces. Ha sido algo imprescindible para muchos monólogos humorísticos de los programas de medianoche en televisión. Sin embargo, por todas nuestras sonrisas cínicas y nuestros comentarios sarcásticos de cara a la pomposidad de la participante, hay algo profunda y singularmente humano en lo que ella dijo. **Dentro de nosotros, está entretejido un deseo por algo más; un anhelo de ser parte de algo más grande, más importante y más profundo que nuestra rutina existencialista relativamente insignificante.** Quizá, por eso el ser humano siempre querrá escalar el Everest, atravesar los océanos en un velero muy pequeño o intentará cualquier proeza nunca alcanzada por otro ser humano. Tal vez, por eso nos enganchamos en la política, los deportes y una infinidad de causas para que nos den algo por qué luchar.

Sencillamente, no fuimos diseñados para vivir solamente para nosotros mismos. Estamos en la tierra para ser parte de algo más grande que las estrechas fronteras de nuestra supervivencia y de nuestra pequeña definición de la felicidad. El deseo reside en cada uno de nosotros, y se llama *trascendencia*. Trascender es ser parte de algo más importante. Fuimos creados para ser parte de algo muy grande, muy glorioso, muy por encima de lo ordinario que podría cambiar completamente la manera en que abordamos cada cosa ordinaria en nuestra vida. Y con toda la ceguera, la desolación y la rebelión del pecado, ese deseo de trascender ahora ha sido aplastado.

Estar en los graderíos del Super Tazón, junto con otros 65,000 fanáticos, mientras todos estamos gritando a todo pulmón cuando el pateador lanza un gol de campo en el último segundo del partido nos da una sensación de trascendencia. Tú lo has escuchado en la voz del fanático que dice: "¡Es nuestro año! ¡Nuestro momento ha llegado! ¡Vamos a ganar esta vez!". Él suena como si fuera un representante pagado del equipo, aunque no lo es. El lenguaje de "nosotros" es trascendencia. Él se ha vuelto parte de algo más grande que su mundo de tediosa rutina. Su conexión con su equipo local lo ha ayudado, aunque sea por un momento, a trascender las fronteras pequeñas de su mundo de tipo promedio. El trabajador local en la campaña presidencial tiene una experiencia bastante similar. No, él probablemente nunca se encontró cara a cara con el candidato; y sí, él solo maneja las máquinas de doblado y llena cajas con literatura. Sin embargo, es parte de algo trascendente. A él se le ha dicho que esta campaña podría cambiar para siempre el rostro de los políticos estadounidenses. Su participación en la campaña le ha ayudado a escapar del pequeño mundo de su insignificante vida universitaria para convertirse en una parte integral de algo más grande. Aunque sea por un momento, él ha trascendido.

EL DESEO POR LA TRASCENDENCIA ESTÁ EN TODOS NOSOTROS PORQUE DIOS LO COLOCÓ ALLÍ. ÉL NOS DISEÑÓ PARA VIVIR POR ALGO MÁS QUE NOSOTROS MISMOS.

El alpinista que se enfrenta a las alturas vertiginosas, a las pendientes implacables y al viento cortante ha acariciado un poquito de trascendencia. Él está a punto de unirse a una pequeña sociedad de personas que han escapado de las preocupaciones diarias y de las demandas de la vida para lograr algo más grande. Se para en esa cima con poco oxígeno y ya ha trascendido aunque sea por un solo día. La montaña no es la única cima a la que ha subido.

El manifestante en la protesta, el soldado raso en la unidad de combate y el niñito que juega a ser el rey del mundo experimentan la misma emoción. Es esa sensación de ser parte de algo relevante, de que tu lugar y tu parte importan. Por un momento, tu vida parece más grande que tu vida. Esto más grande te saca de la cama por la mañana y, a veces, la emoción de eso no te deja dormir. Eso hace que todas las cosas pequeñas que tienes que hacer a diario parezcan más satisfactorias y más importantes, porque ahora están conectadas a algo más que tu supervivencia. Tú has experimentado un poquito de trascendencia.

El deseo por la trascendencia está en todos nosotros porque Dios lo colocó allí. Él nos diseñó para vivir por algo más que nosotros mismos. Él nos diseñó para querer significado, propósito y consecuencia. No fuimos hechos para estar completamente satisfechos con la supervivencia y el placer propios. El propósito de Dios era que los límites de nuestra visión fueran mucho mucho más grandes que las fronteras de nuestra vida. Fuimos diseñados para ver más de lo que pueden ver nuestros ojos físicos, y es esa visión mayor la que tendría el propósito para nosotros de integrar, emocionar, conectar y satisfacer.

Quizá la candidata a reina de belleza no era tan tonta después de todo. Quizá en ese momento ella dijo algo bien. Tal vez su deseo de trascendencia es una parte más hermosa de su humanidad de lo que alguna vez sería su belleza física.

Y AHORA, PARA EL PRINCIPIO

Definitivamente, hay un posicionamiento de "por encima y más" de los seres humanos en los relatos de la creación en Génesis 1 y 2. Adán y Eva no eran los animales superiores. El relato completo los presenta como seres únicos, diferentes y por encima del resto de lo que Dios hizo. Es igualmente claro, también, que estas dos personas fueron hechas para algo más que su propia existencia. No fueron colocados en el jardín del Edén solamente para su propia supervivencia y satisfacción. Ellos recibieron inmediatamente una visión y una comisión que los llevaría mucho más allá de los límites de sus necesidades y preocupaciones. La trascendencia era una parte de su humanidad. Recibieron capacidades sorprendentes para hacer lo que ninguna otra criatura podía hacer. Cualquier otra cosa menos que eso sería una existencia subhumana.

Piensa en lo que esto significa para todos nosotros, los hijos de Adán y Eva. Tú y yo fuimos creados para más que solamente llenar nuestros horarios con la búsqueda autosatisfactoria del placer personal. Fuimos diseñados para hacer más que asegurarnos de que todas nuestras necesidades estén cubiertas y todos nuestros deseos, saciados. Nunca estuvimos predestinados a enfocarnos en nosotros mismos como si fuéramos reyecitos gobernando minúsculos reinitos que tienen una población de uno. Claro, es lo correcto que cuides de tu salud, tu trabajo, tu casa, tus inversiones, tu familia y tus amigos. Sería irresponsable actuar como si ninguna de esas cosas fuera importante. Sin embargo, es una práctica de la tragedia humana vivir *solamente* para eso. Es una negación fundamental de tu humanidad reducir tu vida al tamaño de tu propia existencia, porque como ser humano fuiste creado para ir "por encima y por más". Fuiste diseñado para ser trascendente.

Jim estaba sentado frente a mí, su cuerpo encorvado era evidencia de la depresión que lo tenía atrapado. Él dijo que unos meses antes se había dado cuenta de que no había nadie a quien le importara si había despertado esa mañana. A nadie le interesaba si estaba bien o estaba enfermo. A nadie le preocupaba si estaba alegre o triste. Él dijo: "Me levanto en la mañana y me pongo buena ropa, salgo de mi condominio hermoso y moderno, me subo a mi vehículo de lujo y conduzco a mi trabajo, por el que me pagan muy bien, solo para regresar a mi hermoso condominio al final del día y volver a empezar al día siguiente con lo mismo. Podría morir hoy, y nadie lo notaría. Lo tengo todo. ¿Por qué no puedo ser feliz?". Jim *sí* lo tenía todo; sin embargo, al tenerlo todo, había negado su propia humanidad. En su búsqueda de todo, Jim había pasado por alto aquello que lo separaba de todo lo demás que Dios hizo. Jim había construido su propio reino con disciplina y éxito, pero descubrió que ese era un reino vacío, y él, un rey vacío. No era que Jim hubiera tratado de alcanzar demasiado. La tragedia era que él se había conformado con demasiado poco, y eso es exactamente lo que obtuvo.

¿Qué hay de ti? ¿Cuál es la gran visión por la que te estás esforzando? ¿Cuál es el gran sueño en el que estás invirtiendo? ¿Cuál es tu definición de la "buena vida"? ¿Cuándo sabrás que has alcanzado el éxito? Si lo tuvieras "todo", ¿cómo sería ese "todo"? Me temo que hay muchos creyentes que van a la iglesia cada semana, dan regularmente a la obra de Dios, conocen la Biblia bastante bien y no llevan una vida abiertamente mala; sin embargo, se han conformado con "por debajo y menos" cuando fueron creados para "por encima y más".

El error que han cometido es que han encogido su cristianismo al tamaño de su propia vida. Ellos han tomado la gracia y la sabiduría de Dios como una invitación a un matrimonio mejor, a una relación mejor con sus hijos, a una vida mejor con sus familiares, mejor éxito laboral, etc. Pero este es el punto de este libro: Dios te invita a *¡muchísimo más!* La gracia de Dios te invita a ser parte de algo mucho más grande que tu sueño más audaz y más caro. **Su gracia abre un agujero en la prisión que construiste para ti mismo y te invita a entrar en algo tan enorme, tan relevante que solo una palabra en la Biblia puede describirlo adecuadamente. Esa palabra es *gloria.***

DISEÑADOS PARA LA GLORIA

Admítelo. Eres un adicto a la gloria. Por eso, te gusta ese tiro certero a la canasta, cuando el jugador da una vuelta de 360° y tiene la pelota entre las piernas.; o ese vestido de noche, maravilloso, con pedrería bordada a mano; o el pastel *mousse* de triple chocolate, hecho de siete capas. Por eso, te atrae la enormidad de la cordillera o el esplendor de múltiples tonalidades del atardecer. Tu Creador te diseñó para tener inclinación a la gloria. Es ineludible. Está en tus genes. Las marmotas no compiten para ver quién ha formado la guarida subterránea más gloriosa. O, como dice mi hermano Tedd, los pingüinos no se califican entre sí cuando saltan del hielo al mar frío. No hay ningún pingüino anunciando: "Ese fue un 9.3, tenía un mérito técnico alto, pero le faltó creatividad artística". Sino que nosotros somos distintos. Acudimos en manada al museo para ver las obras maestras de Salvador Dalí. Hacemos cola durante noventa minutos para subirnos a la mejor montaña rusa. Soñamos durante varios días sobre la gloria del próximo banquete en el Día de Acción de Gracias. Trabajamos como locos para alcanzar un momento de gloria en algún área de nuestra vida. Sencillamente, fuimos hechos para la gloria, pero no solo para las sombras de gloria del mundo creado. Fuimos hechos para la única gloria trascendente: la *gloria de Dios*. Cuando entiendes esto, tu vida empieza a marcar la diferencia.

LA GLORIA QUE TRASCIENDE

Ahora bien, quiero hablar durante un minuto acerca del propósito. De alguna manera, este libro se trata de vivir con un propósito. Sin embargo, se trata de mucho más que eso. Hay muchas personas que han vivido con un propósito que no marcaron realmente una diferencia. La vida de cada persona tiene propósito porque todo ser humano vive en la búsqueda de algo. Así que no es suficiente tomar la decisión de tener un propósito. Quiero afirmarlo de esta manera: Tener un propósito es algo bueno; sin embargo, si tu propósito no está ligado a la gloria, todavía sigue negando tu humanidad.

> TENER UN PROPÓSITO ES ALGO BUENO; SIN EMBARGO, SI TU PROPÓSITO NO ESTÁ LIGADO A LA GLORIA, TODAVÍA SIGUE NEGANDO TU HUMANIDAD.

Analicemos el enfoque de gloria de Génesis 1 y 2. Hay cuatro glorias trascendentes que fueron creadas para ser el centro de cada ser humano. La primera, es la gloria por la cual todo ser humano debe vivir, y las siguientes tres, son las glorias que surgen de la primera. Cada una de esas nos llama a salir de los confines estrechos de una existencia bajo nuestra propia orientación a algo fundamentalmente por encima y más allá. Las presentaremos aquí y hablaremos más en detalle de cada uno a lo largo del libro.

La gloria de Dios. Fuimos hechos para estar más conectados a lo que está por encima de nosotros que a lo que está por debajo de nosotros. Para decirlo de otra manera, nuestra vida fue diseñada para ser moldeada más por nuestro apego al Creador que a la creación. Fuimos hechos para experimentar, para ser parte de algo, para ser consumidos por algo y para vivir en busca de la única gloria que es verdaderamente gloriosa: la gloria de Dios. Se espera que el compás de nuestra vida sea la búsqueda de esta gloria, una búsqueda voraz y difícil de satisfacer. En Génesis 1, Dios entra en escena al minuto en que Adán y Evan respiran por primera vez. Él está allí para mandar su lealtad. Está allí para ser el centro de todo lo que ellos piensen, deseen, digan y hagan; cuando Él está presente, la vida de cada uno de ellos tiene un significado trascendente y un propósito. Esto es lo que eso significa. **La gloria trascendente que todo ser humano busca, independientemente de si lo sabe o no, no es una cosa; es una persona, y su nombre es *Dios*.** La gente es trascendente porque fue hecha para Él. Es solamente en comunión con Él y en someter todas las otras formas de gloria a la gloria de Dios que yo podré alguna vez encontrar el "por encima y más" que busca mi corazón. La presencia inmediata de Dios en la vida de Adán y de Eva es un llamado a la máxima trascendencia. Ellos debían vivir por Aquel quien *es* la gloria. Y ellos nunca debían encoger el tamaño de su enfoque de gloria al tamaño de las glorias estrechas de su pequeña vida.

La gloria de la mayordomía. Cuando lees la historia de la creación, es sorprendente ver que Dios construyó cuidadosamente su mundo y luego lo puso en manos de las personas. Dios les dio a Adán y a Eva la responsabilidad de ser mayordomos buenos y fieles de todo lo que Él había hecho. En efecto, ellos fueron designados para ser los "administradores residentes" de Dios. Se esperaba que su visión de propósito personal fuera tan amplio como el universo que Dios había creado. Fueron hechos para hacer más que solo cuidarse a sí mismos; fueron llamados a cuidar de una amplia variedad de cosas sorprendentes que Dios había hecho a propósito para que fueran reflejos de su gloria. La trascendencia de los seres humanos se expresa a medida que las personas reflejan la gloria de Dios por medio de su gobierno y mayordomía sobre el mundo creado que los rodea. Este llamado a administrar el orden creado fue un llamado divino a la trascendencia. Era un llamado para que Adán y Eva nunca encogieran el tamaño del cuidado de Dios para preocuparse por sí mismos.

La gloria comunitaria. Tú y yo fuimos hechos para relacionarnos con los demás. Adán no fue hecho para vivir solo. No se suponía que Adán fuera el mejor amigo de Adán. La comunidad en la que Adán y Eva debían vivir el uno con el otro fue diseñada para ser el inicio de una red enorme de relaciones humanas interdependientes que definiría la mayor parte del enfoque y la energía de la vida de cada persona. Se suponía que la vida de los seres humanos trascendiera las glorias estrechas de la independencia, la autonomía y la autosuficiencia. Fuimos creados para tener vidas moldeadas por una búsqueda constante de la gloria de una comunidad humilde y dependiente. Fuimos hechos para necesitarnos mutuamente, y esta comunidad se esperaba que existiera en una variedad de formas, incluyendo: vecinos, familia, amigos, iglesia, ciudad, estado, nación, hermano, hermana, padre y cónyuge. Esta red de relaciones constantes nos saca diariamente de nuestra reclusión y aislamiento para experimentar una gloria comunitaria que el enfoque personal y egoísta nunca nos podrá dar. Dios hace a Adán y a Eva y los llama de inmediato a la gloria trascendente de una comunidad de alcance mundial, de cobertura generacional y que abarque toda la historia. Se esperaba que este compromiso de hacer comunidad tuviera un enfoque importante que moldeara su vida diaria. Este acto de Dios para unir inmediatamente a Adán y a Eva en una comunidad mutua era un llamado a la trascendencia. Era un llamado a no encoger nunca el tamaño de su comunidad y llevarlo a ser una comunidad funcional de una sola persona.

FUIMOS CREADOS PARA TENER VIDAS MOLDEADAS POR UNA BÚSQUEDA CONSTANTE DE LA GLORIA DE UNA COMUNIDAD HUMILDE Y DEPENDIENTE.

La gloria de la verdad. Inmediatamente después de crear a Adán y a Eva, Dios hizo algo que Él no había hecho con nada de todo lo demás que creó. Él les habló. Este momento mundano ¡era un momento de trascendencia! El Señor, Rey y Creador del universo estaba susurrando los secretos de su sabiduría divina en los oídos de las personas que había hecho. Con esta acción, Dios estaba llamando a Adán y a Eva a trascender los límites de sus pensamientos, sus interpretaciones y sus experiencias. Ellos debían de formar su vida por la perspectiva de origen a destino que solamente el Creador podía tener. Dios había hecho a Adán y a Eva con las habilidades comunicativas que iban a necesitar para recibir esta revelación, porque las verdades gloriosas que Dios les mostraría progresivamente tenían el propósito de moldear todo lo que ellos pensaban, deseaba, decidían y hacían. La vida de cada uno fue apartada del resto porque Dios les había mostrado su verdad gloriosa a ellos, y solamente a ellos. Por sí mismos, ellos nunca podrían haber descubierto las cosas que Él les dijo. Estos tesoros de sabiduría serían conocidos solamente por Adán y Eva porque Dios decidió revelárselos. Las palabras de Dios contenían el conocimiento de Él, el significado y propósito de la vida, una estructura moral para vivir, la identidad de la naturaleza humana, una descripción de puesto humana y fundamental, un llamado a la comunidad humana y un llamado a la adoración divina. Adán y Eva no fueron hechos para subsistir de las conclusiones sacadas de su propia experiencia o de los conceptos resultantes de las interpretaciones autónomas. Cada pensamiento debía ser formado por la verdad gloriosa que Él paciente y progresivamente les impartía. El acto de comunicación aparentemente mundano en el huerto era, de hecho, un llamado a la trascendencia. Era un llamado a una manera de vivir de "por encima y más". Era un llamado a Adán y a Eva para nunca reducir el tamaño de su pensamiento al tamaño de sus pensamientos.

¡ESPERA UN MOMENTO! ¿Y EL MARTES?

Quizá has estado leyendo y pensando: "bien, Paul, lo que has estado diciendo es muy interesante, pero yo vivo en la vida real. Por ejemplo, el martes tengo que ir a la escuela con mi hijo adolescente para hablar de sus calificaciones que están bajando rápidamente. En la tarde, tengo que encontrarme con una amiga para tratar un malentendido entre nosotras, y en la noche, tengo que hablar con mi esposo sobre nuestras finanzas. Estoy enfrentando un montón de problemas de la vida real que realmente no quiero enfrentar, y ¡yo no creo que tenga tiempo para la trascendencia!".

Sin embargo, quédate un momento más. Este *es* el objetivo de este libro. En un mundo caído existe una presión poderosa para restringir tu vida al tamaño y forma de tu vida. Existe una tendencia persuasiva para olvidar quién eres y para qué fuiste hecha. Hay una tendencia a ser miope, a tener una visión corta y a distraerse con facilidad. Hay una tendencia para conformarte con menos cuando has sido creada para más. Existe algo expansivo, glorioso y eterno que tiene el propósito de darte dirección en todo lo que haces. Y cuando lo pierdes de vista, has negado efectivamente tu propia humanidad.

Mira, todas esas cosas que vas a hacer el martes son necesarias e importantes. Este libro no es un llamado a olvidarlas ni a hacer algo más. No, se trata de toda una nueva forma de abordar estas cosas. Se trata de una manera de vivir donde Dios me ha colocado, que abraza las glorias trascendentes para las cuales fui creado. Se trata de vivir por un reino más grande que el reino de mi vida, mi familia y mi trabajo. ¿Y dónde vivo para este reino más grande? ¡En mi vida, en mi familia y en mi trabajo! Este libro no se escribió como un llamado para que tú dejes de hacer lo que has estado haciendo o para que empieces a hacer un montón de cosas nuevas. Más bien, es un llamado para hacer lo que Dios te ha llamado a hacer con una visión que es tan amplia y profunda como la gloria de Dios.

EN UN MUNDO CAÍDO EXISTE UNA PRESIÓN PODEROSA PARA RESTRINGIR TU VIDA AL TAMAÑO Y FORMA DE TU VIDA.

Este libro es un llamado a planificar en grande y vivir en grande. Es un estímulo a dejar que la gloria de Dios, la gloria de la comunidad, la gloria de la mayordomía y la gloria de la verdad alteren la manera en que tú tratas con todo lo que tienes que hacer. Es una motivación para recordar y afirmar que tu humanidad solo existe en realidad cuando está conectada a la gloria trascendente que únicamente puede hallarse en Dios.

¿No estás seguro de todo lo que esto significa? ¿Estás inseguro de cómo sería en la práctica? ¿Quieres llevar una vida que realmente cuente para algo y que marque una diferencia? Toma un tiempo para seguir leyendo.

LA PREGUNTA FINAL: ¿QUÉ ES ESO GRANDE POR LO QUE ESTÁS VIVIENDO EN ESTE MOMENTO?

¿HAS ESTADO DISPUESTO A CONFORMARTE CON MENOS?

2

¿MÁS O MENOS?

Pre-ten-der: una apariencia o acción falsa con la intención de engañar

EN RESUMEN: EL PECADO NOS HACE HABLAR MÁS, PERO CONFORMARNOS CON MENOS.

Era uno de esos momentos, de alguna manera pequeños y sin importancia, pero al verlo desde otra perspectiva, era una señal de algo muy relevante. Íbamos de camino hacia un lugar. Debido a mis problemas de la vista, muchas veces Luella maneja en la noche. A medida que se dirigía hacia nuestra localidad, dije: "¿no quieres cruzar allí?"; justo cuando pasamos la calle donde yo habría cruzado.

Ella respondió: "ese camino tomará mucho tiempo".

Yo le recordé: "la distancia más corta entre dos puntos es la línea recta".

"¡Exactamente por eso, no crucé!".

"Pero nos estás llevando fuera de la ruta", insistí.

"¿Por qué no te calmas y me dejas conducir?".

"¡Porque no confío en tu sentido de dirección!".

Luella hizo una oferta: "Hagamos un trato. Cuando estés conduciendo, tú decides la ruta; y cuando yo esté conduciendo, yo decidiré la ruta".

"¿Y qué hacemos si vas por el camino equivocado?".

"No se trata de si es correcto o incorrecto; es sencillamente un asunto de preferencia".

Y yo pensé (sin decirlo), *¡pero mi preferencia es la correcta!* En cambio, dije: "Desearía que estuviéramos en un helicóptero para que pudiera mostrarte toda la ruta. Entonces, tú entenderías lo que estoy tratando de decirte".

Luella respondió, "No creo que un helicóptero sea lo que necesites en este momento".

> TODOS SOMOS CAPACES DE LUCHAR POR LO QUE TIENE POCO VALOR MIENTRAS OLVIDAMOS LAS COSAS DE VALOR TRASCENDENTE.

Fue un momento de poca fricción, no explotamos en una ira total; sin embargo, era un momento que vale la pena analizar. Lo que revela esta conversación es realmente importante. En un momento acalorado, todos somos muy capaces de tratar un detalle menor de la vida como si fuera algo muy grande. Todos somos capaces de luchar por lo que tiene poco valor mientras olvidamos las cosas de valor trascendente.

En un segundo de irritación, una madre puede tratar el estado de la habitación de su hijo como si fuera más valioso que la relación que ella debe tener con su hijo, lo cual es muy importante para lo que Dios quiere hacer por este joven a través de ella. Después de varios meses de frustración, un creyente se involucrará en una disputa acalorada sobre los límites del jardín del Edén con su vecino, olvidando cuánto más importante es ser sal y luz en la vida del hombre en comparación a cuántas flores se siembren sobre la línea de colindancia. Por un momento, un hombre tendrá más sentido de bienestar debido a la apariencia y al olor de su vehículo último modelo de lo que obtiene de la condición de su corazón. Durante una temporada, el afecto y el aprecio de parte de otro ser humano se volverá funcionalmente más importante para nosotros que el amor misericordioso, perdonador y adoptivo de nuestro Padre celestial. Por un momento, una comida suculenta se vuelve más importante para nosotros que un alma satisfecha por el Pan de Vida. En un parpadeo, la belleza y la figura del cuerpo de una mujer puede convertirse en algo más importante que la relación matrimonial a largo plazo y la pureza de un corazón. Y en un vehículo en una noche cualquiera, tener la razón ante los ojos de tu cónyuge puede volverse más importante que vivir correctamente ante tu Señor.

Es muy difícil para nosotros entender bien la gloria. Es muy difícil para nosotros ver a través de todas las "glorias" cercanas de la creación para ver la gloria trascendente de Dios. Es tan difícil para nosotros recordar y estar motivados por lo que es verdaderamente importante. Es tan tentador comprometernos con nuestros reinitos que la trascendencia del reino de Dios tiene poca influencia práctica. De hecho, estamos en una gran guerra, el melodrama diario del corazón. Esto es exactamente lo que me estaba sucediendo esa noche en el vehículo. Nos pasa a cada uno de nosotros a diario. Una y otra vez negamos nuestra humanidad al conformarnos con algo menor a las glorias trascendentes para las que fuimos creados. **Nos es tan difícil hacer que las cosas de verdadera importancia sean prácticamente importantes para nosotros. Y no pasó mucho tiempo para que Adán y Eva cayeran también en este problema.**

PROBLEMA EN EL JARDÍN

¿Alguna vez has pensado en qué exactamente le ofreció la Serpiente a Eva en esa fatídica conversación en el jardín? Lo que él le ofreció a Eva fue "más". Lo que le ofreció a Eva fue trascendencia, pero tenía un defecto fatal. ¡No tenía conexión con Dios! Este es una oferta de una gloria "por encima y más allá", pero era un substituto de la gloria trascendente que solamente puede hallarse en Dios. Observa la implicación tremenda de estas cuatro sencillas palabras: "Tú serás como Dios". La Serpiente estaba diciendo: *Ya sabes, Eva, hay una gloria más grande, más satisfactoria que cualquier cosa que hayas experimentado hasta ahora. Tu vida puede ser mucho mucho más de lo que ya ha sido. Pues, Eva, tú puedes tenerlo todo. Si tan solo estuvieras dispuesta a salir de los límites estrechos de Dios, no necesitarías estar conectada con Él porque serías como Él.*

Estas palabras manipuladoras del enemigo parecen ofrecer una trascendencia más grande, pero en realidad la están minimizando dramáticamente. La gloria que la Serpiente presenta no es, en absoluto, una gloria. Quiero aclararlo de esta manera: Cuando yo opto por "más" de mi egocentrismo, lo que realmente obtengo siempre es mucho mucho menos. En síntesis, Satanás está diciendo, *Eva, puedes vivir por un reino más grande y más satisfactorio que el reino de Dios. Si haces solo una cosa, puedes tener un reino donde tú eres el centro y donde tú gobiernes sin que nadie se te oponga.* Este es el mismo argumento de venta malvado que Satanás le ofreció a Cristo al principio de su ministerio en la tierra. (Lee Mateo 4:8-11). Aquí, tenemos registrada la primera vez en la historia de la humanidad cuando una persona estuvo dispuesta a restringir su vida al tamaño de su vida. Hemos estado pagando el precio desde entonces.

VENTAS DE VEHÍCULOS USADOS

Me gusta escuchar a los vendedores de vehículos usados. No todos ellos son como lo que voy a describir, pero creo que las palabras elaboradas que utilizan son instructivas. El discurso exagerado y engañoso de la venta se trata de adornar lo positivo, de minimizar lo negativo y de cuidadosamente dejar ir algunas pretensiones (mentiras creíbles). Te acercas lo que fue diseñado para ser un modo de transporte, y el vendedor inmediatamente te dice: "Esta hermosura tiene el sistema de sonido más fino que jamás encontrará en un vehículo. Y siéntese en esos asientos. Tienen la capacidad de grabar más de cincuenta posiciones". Ahora que él ha exagerado un par de las cosas positivas del vehículo para que tú no pienses en el motor ni en la transmisión, él procura minimizar lo negativo en tu pensamiento. Dice: "Es un vehículo magnífico para conducir en la ciudad". Esto significa realmente que es muy pequeño y que no tiene mucha fuerza. Añade, "es un vehículo perfecto para una familia joven". Lo que realmente quiere decir es que el asiento trasero es tan pequeño que ninguna persona de tamaño normal podría sentarse allí cómodamente. Para terminar, sigue con las mentiras creíbles. Dice: "No tendremos ningún problema en hacer que sea algo que usted pueda pagar". Esto probablemente significa, "usted no puede pagar este vehículo, pero podemos manipular las finanzas de tal manera que usted crea que puede".

Así son las artimañas del enemigo. Todo se trata de adornar, negar y de mentir de manera creíble. Es la artimaña de la tentación. Es la artimaña de la gloria falsa y de la trascendencia falsa. Es una artimaña malvada, pero caemos en ella una y otra vez.

EN EL JARDÍN, LA OFERTA DE "PUEDES SER COMO DIOS" NO ERA UNA INVITACIÓN SINCERA A MÁS; ERA UN TRUCO ENGAÑOSO QUE SOLAMENTE PODÍA LLEVAR A MENOS

Como ves, el enemigo de nuestra alma sabe que fuimos creados para trascender. Él sabe que fuimos creados para estar constantemente conectados a algo más glorioso que las pequeñas glorias de nuestra propia supervivencia y placer. Él sabe que todos tenemos hambre de más, así que su artimaña es ofrecernos menos de manera que parezca que es más. En el jardín, la oferta de "puedes ser como Dios" no era una invitación sincera a más; era un truco engañoso que solamente podía llevar a menos. No era una invitación a ser más gloriosamente humano, sino una argucia para hacer que Adán y Eva negaran la base fundamental de su verdadera humanidad. Aunque la humanidad de ellos estaba conectada a la gloria de Dios, desobedecerlo nunca jamás llevaría a una gloria mayor.

SIEMPRE CON EL MISMO JUEGO DE TRUCOS VIEJOS

Diariamente, de muchas maneras, cedemos ante el mismo juego de trucos viejos. Olvidamos la trascendencia para la cual fuimos hechos y le damos atención a cosas mucho menores como si fueran mayores. El costo para nosotros es igual de enorme como lo fue para Adán y

Eva. Desnudos, culpables y avergonzados, se escondieron de su Dios en los arbustos del jardín.

Un hombre olvidará que, como padre, él ha sido bienvenido a la gloria trascendente de ser parte de la obra de Dios de formar almas humanas. En cambio, él se convencerá de la gloria sustituta del éxito de su carrera. Más y más, su trabajo consumirá y definirá su vida. Cada vez, su sentido de propósito tendrá menos que ver con la relación formativa que solamente él puede ofrecerles a sus hijos. Tristemente, sus hijos dejarán de ser uno de los gozos de su vida y se volverán una obligación en su ya demasiado ocupado horario. Sus hijos lo conocen, lo respetan, confían en él y sienten su amor cada vez menos.

Una persona joven olvidará la gloria trascendente de la identidad que está arraigada en la presencia, el poder y la gracia del Redentor. En cambio, vivirá la gloria falsa de la aprobación de sus amigos. Absorberá y repetirá como lora el vocabulario de ellos, adoptará el estilo de ellos, obviamente se reirá de sus bromas y hasta participará en actividades que lastimarán su consciencia; todo porque se ha convencido a sí misma de que ella "necesita" la aprobación de ellos. Habrá momentos cuando se sienta trascendente. Se sentirá como si su vida tiene un significado y un propósito verdaderos porque está conectada a algo más grande que ella misma. Lo triste es que ella ha optado por menos. La relación con sus amigos en realidad se ha vuelto un substituto de la relación para la gloria trascendente de amar, adorar, y tener diariamente comunión con el Señor. Y las cosas que ella espera encontrar en la aceptación de sus amigos, ningún ser humano podrá dárselas jamás. Ella solamente las encontrará en la gracia tolerante de Dios.

Podría ser que nos conformemos con menos en momentos que son mucho menos relevantes que estos. Tener la razón puede reemplazar a ser amable; ser servido puede reemplazar el gozo de servir; el poder puede arruinar el carácter; las posesiones pueden volverse más atractivas que las bendiciones espirituales, un momento de independencia puede llegar a ser más persuasivo que una comunión interdependiente de largo plazo. Incluso obtener la última galleta puede llegar a ser más importante que el amor que debemos compartirnos mutuamente.

Aquí está. Cuando el enemigo, de alguna manera, te engaña para que aprietes el tamaño de tu vida al tamaño de tus sueños, tus deseos y tus necesidades personales, él te tiene exactamente donde quiere que estés. Él ha ganado una victoria cada vez que intenta, con éxito, que tú cambies el más centrado en Dios para el cual fuiste creado, reemplazándolo con uno de los interminables catálogos de "muchos más" egocéntricos que cuelgan frente a nosotros en este mundo caído. Su mentira es esta: "La trascendencia se encuentra realmente cuando vives en el centro de tu mundo". O, "El gozo y la satisfacción máximos se hallan cuando vives para ti".

Ahora podrías estar diciendo, "vamos, Paul, soy lo suficiente inteligente bíblicamente para saber que ¡eso no es cierto!". Probablemente lo sea, pero la lucha que estoy describiendo sucede con frecuencia dentro de los límites de una buena teología y una participación regular en los programas de la iglesia. Es posible, y quizá hasta muy común, participar en estas cosas y todavía estar conformándose, en los pequeños momentos de nuestra existencia diaria, por mucho menos que la trascendencia para la que fuimos creados. Cosas tan mundanas como el guardarropa, el menú, el horario, la carga de trabajo, la localidad, el tráfico, el clima, tener razón, ser afirmado, el dinero, la vivienda, el empleo, los jardines, la sala de estar, el sexo, la diversión, quién va al baño primero, quién hizo qué con mi periódico, quién se acabó el cereal, etc. —todas en cierto grado importantes— crecen a un nivel de importancia espiritualmente peligroso en el calor del momento. Estos son los momentos en los que vivimos todos los días. El día normal es una colección de 24 horas de momentos pequeños. Día tras día, semana tras semana, y año tras año, estos momentos pequeños fijan el carácter de la vida de una persona.

Cuando las pequeñas cosas se vuelven la gran cosa por la que yo peleo constantemente, he abandonado la trascendencia por las sombras de glorias temporales de la creación. La satisfacción y el placer temporales que obtengo no durará. Estas cosas son como *crack* espiritual; me darán una descarga rápida emocional o espiritual, aunque me deja insatisfecho y ansioso por una siguiente descarga.

Esta siempre ha sido la lucha del pueblo de Dios. Piensa en Israel en el desierto. ¿Qué es lo que provoca que consideren realmente regresar a Egipto? ¡El menú! (Lee Números 11). Estaban cansados de esta casi insípida substancia llamada maná. Piensa en eso por un momento. El sabor de la comida provista por Dios subió a un nivel de importancia tal que ellos pudieron en realidad ver a Egipto como un lugar con un mejor menú, en vez del lugar de esclavitud y muerte que era verdaderamente.

CUANDO EL ENEMIGO, DE ALGUNA MANERA, TE ENGAÑA PARA QUE APRIETES EL TAMAÑO DE TU VIDA AL TAMAÑO DE TUS SUEÑOS, TUS DESEOS Y TUS NECESIDADES PERSONALES, ÉL TE TIENE EXACTAMENTE DONDE QUIERE QUE ESTÉS.

Piensa en lo que inició la idolatría atroz de Israel en la base del Monte Sinaí. ¿Acaso no fue un asunto de horario? (Mira Éxodo 32:1). Moisés había estado mucho tiempo en la montaña. Los hijos de Israel estaban impacientes, así que dijeron: “Moisés se ha ausentado durante tanto tiempo que no sabemos qué le ha pasado, así que fabriquemos dioses que vayan delante de nosotros”. ¿El horario es importante? ¿Hay legitimidad para preguntarse qué le ha pasado a tu líder si ha estado ausente por un tiempo? ¡Por supuesto que sí! Sin embargo, esta preocupación legítima se vuelve fundamentalmente más importante de lo que debería ser, y cuando lo hace, distorsiona por completo la perspectiva del pueblo y lo coloca en un peligro espiritual.

O piensa en los discípulos en el aposento alto, en las horas finales antes de la captura de Cristo. Él se sienta con ellos como el Mesías, el Sacerdote y el Cordero. Él, en este momento y en los momentos sacrificiales por venir, está instituyendo el Nuevo Pacto. No podría haber un momento más relevante de importancia redentora. Sin embargo, Lucas nos dice que, en medio de este momento de drama alto y santo, los discípulos están discutiendo acerca de quién de ellos es el más grande. (Lee Lucas 22:24-30). ¿Son la posición, el poder y la afirmación sin importancia? ¡Claro que no! Sin embargo, cuando ellos llegan hasta el nivel de abrumar la relevancia excepcional de ser bienvenidos en el reino de Dios, de comer a la mesa con el Señor del universo y de sentarse en tronos construidos por Él, entonces algo ha salido drásticamente mal. En este momento los discípulos están abandonando las glorias trascendentes del reino de Dios por la falsa gloria de poder y posición personal.

LA HUMANIDAD VERDADERA SIEMPRE ESTÁ CONECTADA A LA GLORIA, Y A LA GLORIA VERDADERA QUE SOLAMENTE PUEDE HALLARSE EN AQUEL QUIEN ES LA GLORIA, EL SEÑOR.

Toma un momento para analizar a Pedro en Galacia, quien ha permitido que su temor a cierto grupo de judíos se eleve a un nivel de mayor importancia que las glorias trascendentes de la libertad del evangelio para el cual había sido elegido portavoz. (Lee Gálatas 2:11-14). Algo tan normal como una preocupación sobre qué es lo que los demás piensan de mí, o qué me pasará si los demás se me oponen, se eleva a un nivel tal de inmediata importancia que mis acciones están más formadas por esa preocupación de lo que lo están acerca de las glorias enormes y trascendentes de la gracia del evangelio que cambia la vida.

Entonces, ¿qué estás haciendo con la trascendencia? ¿Qué es ese "más" por el que estás buscando? Analiza las últimas semanas. ¿Qué está subiendo al nivel de importancia de tomar decisiones y definir conductas en tu vida? Dentro de tu teología correcta y de tu participación fiel en las reuniones y los ministerios del cuerpo de Cristo, ¿es tu vida una imagen del deterioro de la trascendencia? ¿Has intercambiado "más" por "menos"? Aunque afirmas lo que es correcto, ¿te has conformado funcionalmente por lo que es realmente un rechazo sutil, pero significativo, de la humanidad verdadera para la que fuiste creado? La humanidad verdadera siempre está conectada a la gloria, y a la gloria verdadera que solamente puede hallarse en Aquel quien es la gloria, el Señor.

Cada semana, ¿en cuántas formas mundanas eres tentado a comprimir el tamaño de tu vida al de las preocupaciones de tu vida? Incluso puedes reducir el llamado de gloria y las promesas de gloria del evangelio al nivel de la emoción por un matrimonio un poquito mejor, hijos ligeramente más receptivos y algunos principios que te ayuden a tener más éxito en tu trabajo. ¿Me ofrece Dios estas cosas? ¡Seguro que sí lo hace! Pero me llama a muchísimo más. Él me llama para encontrar mi gloria personal en la gloria de Él, y al hacerlo, también a estar comprometido con la gloria de comunión, mayordomía y verdad.

Si Génesis 1 es una bienvenida a la trascendencia, entonces Génesis 3 se trata de la tragedia de minimizar la trascendencia. Adán y Eva fueron creados para que la vida de cada uno pudiera llegar a ser tan amplia como el reino y la gloria de Dios. En ese preciso momento desastroso, ellos no ampliaron sus límites; sino que los estrecharon dramáticamente. El "más" vertical para el cual los seres humanos trascendentes fueron creados fue reemplazado por un "más" horizontal que nunca se supuso que fuera una motivación para la vida del ser humano. En ese preciso momento trágico, Adán y Eva migraron al centro de su mundo, el lugar preciso donde los seres humanos diseñados para la gloria nunca deberían vivir. Ellos no solamente optaron por la independencia; optaron por la posición de Dios, y al hacerlo, renunciaron a cualquier posibilidad de una participación personal en la gloria trascedente de una relación con Dios.

EN ESE PRECISO MOMENTO TRÁGICO, ADÁN Y EVA MIGRARON AL CENTRO DE SU MUNDO, EL LUGAR PRECISO DONDE LOS SERES HUMANOS DISEÑADOS PARA LA GLORIA NUNCA DEBERÍAN VIVIR.

Por eso, Dios envió a su Hijo Redentor a la tierra. Él vino a rescatarnos de nosotros mismos y a devolvernos la participación en su trascendencia. En su adopción, la *gloria de Dios* nos recupera, la cual debe ser el centro de todo lo que hacemos. En su iglesia, la *comunión de gloria* nos recupera, en la cual fuimos hechos para participar. Al libertarnos de la idolatría, en vez de ser gobernados por la creación, la *mayordomía de gloria* nos recupera para que administremos sobre la creación a la que hemos sido llamados. En el ministerio de su Espíritu presente, a lo largo de la Escritura, somos restaurados a la *gloria de la verdad* que fue diseñada para ser el lente interpretativo de cada ser humano desde que Adán respiró por primera vez. ¡La de Dios es una hermosa obra de rescate!

Sin embargo, aprender a vivir con las glorias trascendentes de los hijos creados y recreados de Dios es un proceso, no un evento de una sola vez. Tú y yo todavía estamos en medio del proceso. A veces, entendemos, pero muchas otras, olvidamos. A veces, sí actuamos con fe, esperanza y valentía. A veces, realmente esperamos por "más" y nos negamos a ser manipulados para que nos conformemos con "menos". A veces, no nos conformamos por cualquier condición menos que ser verdaderamente humanos. Pero, a veces, mordemos el anzuelo y vamos tras menos como si fuera más. **A veces, aunque la gracia ha ampliado nuestros límites hasta tocar la gloria, todavía reducimos los límites de nuestra vivencia a las fronteras de nuestra vida.**

Si te detuvieras por un momento y te vieras a ti mismo, reconocerías las evidencias de la lucha. Las evidencias están en tu familia y en tus amistades. Están allí, en el trabajo y en los momentos de diversión. Están visibles en tu relación hacia tu posición, tus posesiones y tu poder. Sí, incluso están allí, en tu participación en el cuerpo de Cristo. Así que este libro se ofrece como una ayuda en la lucha. Está diseñado para ayudarte a entender más claramente lo que significa vivir por más. Está diseñado como una bienvenida a una vida que realmente marque la diferencia. Tú y yo fuimos hecho para la gloria trascendente. La gran pregunta de vida es: ¿Qué gloria vivirás durante todos y cada uno de tus días?

LA PREGUNTA FINAL: ¿QUÉ ES LO "MENOS" QUE TIENDE A CAPTAR TU ATENCIÓN?

¿ALGUNA VEZ HAS QUERIDO SER… DIOS?

3

UN DESASTRE TOTAL

Au.to.no.mí.a: La calidad o el estado de ser independiente, libre y autodirigido

EN RESUMEN: YA QUE EL PECADO LO HA DAÑADO TODO, DIOS NOS LLAMA A ESTAR INTERESADOS EN TODO.

Siempre era un momento de pánico para nosotros. Escuchábamos sus pies en las gradas, y sabíamos cuál era su misión. Ella subía a inspeccionar el orden y la limpieza de nuestro dormitorio. Nosotros entrábamos de inmediato en un modo de restauración rápida del dormitorio, pero siempre era inútil. No había manera alguna de que pudiéramos arreglar la habitación antes de que sus pies alcanzaran el último escalón. El desorden era demasiado grande y el tiempo, muy poco. Ella siempre llegaba a ese último escalón justo cuando mi hermano Mark y yo estábamos metiendo montañas enormes de cosas personales debajo de nuestra cama, esperando en vano que esta vez podríamos engañar a mamá. Pero nunca lo logramos. En su enojo ante la penosa condición de nuestra habitación y su irritación ante nuestra táctica de meter todo debajo de la cama, ella decía las palabras que odiábamos escuchar: "¡Esta habitación es un desastre total!". Y nosotros sabíamos que eso significaba que no saldríamos de allí hasta que lo arregláramos completamente dejándolo como debía ser.

Cuando Adán y Eva abandonaron la trascendencia centrada en Dios por la trascendencia de falsa esperanza, egocéntrica, que la Serpiente ofrecía, el resultado fue realmente un desastre total. Tú y yo todavía experimentamos los efectos de ese desastre cada día de nuestra vida. Lo que sucedió en el jardín del Edén es verdaderamente la catástrofe central de la historia de la humanidad. Es casi imposible exagerar la enormidad de su relevancia. Así es lo grande que este desastre fue (y es). **Cuando Adán y Eva cayeron, ¡todo el cosmos cayó con ellos!** No hay a dónde huir. No hay refugio donde esconderse. No hay situación que su poder no haya tocado, ninguna localidad sin daño por su destrucción. En un segundo de desobediencia y gloria robada, el pecado destruyó el cosmos. Fue un desastre total.

ALGO DE DESLUMBRANTE BELLEZA

El arte creativo de Dios, exhibido en el mundo que Él hizo y todo lo que puso en él, era algo de una belleza espléndida y deslumbrante. Las montañas estaban abarrotadas de flores de múltiples colores, sin gorgojos que consumieran sus hojas y sin ácaros que infectaran sus flores. La tierra estaba llena de nutrientes de vida, y no había espinas, cardos ni maleza en ninguna parte. Los árboles estaban cargados de frutos exuberantes, dulces y suculentas. No había plagas ni contaminantes. La naturaleza crecía, florecía y producía sin lucha ni esfuerzo. Había una belleza natural inmaculada hasta donde podían ver los ojos. Literalmente, cubría la tierra.

Los animales retozaban, comían, se apareaban y producían sin temor a los depredadores o a una lucha contra la enfermedad. El reino animal era un lugar de una belleza de variedad sorprendente, todos existiendo en una atmósfera de paz.

La gente vivía en una comunión de gozo, sin temor y sin vergüenza entre sí. No había robo, mentira, engaño, palabras ásperas, acciones abusivas, estrategias de venganza, inmoralidad sexual, familias rotas ni gobierno corrupto. Nadie tenía dificultades con la depresión, la ansiedad, problemas de identidad, remordimiento paralizante, ira, envidia, compulsión, adicción, temor, culpa, soledad, desesperanza o duda. La gente no sufría de lesiones, enfermedades o de vejez. No había vigilias hospitalarias ni visitas a los muertos. Nadie necesitaba pedir perdón y a ninguno le costaba perdonar. No había decepciones matrimoniales y ningún empleo que saliera mal.

La gente vivía en una adoración a Dios sincera, amorosa y obediente. Adoraban al Creador y administraban la creación; ellos no cedían ante adorar la creación y tratar de administrar al Creador. No había duda de su bondad, ni temor de su ira. No había rebeldía abierta ni desobediencia sutil. Ellos obedecían sus palabras y prestaban atención a su sabiduría. No había ídolos corruptivos ni sistemas de fe competitivos. Nunca nadie estaba enojado con Dios, y Dios no tenía razón alguna para enojarse con la gente que Él había hecho. La gente amaba la gloria de Dios y de ninguna manera vivían para sí mismos.

En toda forma que puedas pensar o imaginar, el mundo, como Dios lo creó, era un lugar de paz y belleza sin igual. Era una exhibición de gloria espectacular y de sonido envolvente, que reflejaba la gloria trascendente de Aquel quien la había hecho de la nada. Su majestad creativa era una exhibición inmaculada e ininterrumpida: el rojo penetrante de la rosa, las escamas fluorescentes de los peces, el canto dulce de los pájaros, la grandiosidad gris de la roca, el temblor de la tierra al rugido del león, el gorgoteo interminable del arroyo y la delicadez sedosa de la hoja. Cada parte lo señalaba a Él. Cada cosa existía como un himno a su gloria.

¿CÓMO MIDES UNA CATÁSTROFE?

¿Cómo envuelves con palabras lo peor que ha sucedido jamás? Quizá el apóstol Pablo fue quien mejor lo hizo con esta declaración poderosa en Romanos 8:21: "Toda la creación gime". Los lirios ahora pelean contra la maleza que trata de ahogar su vida. Los contaminantes flotan como sombras en el cielo y las toxinas que no se ven, en el arroyo. Los frutos y las flores se echan a perder con la enfermedad. El dolor, el sufrimiento, el trabajo duro, la enfermedad y la muerte se volvieron la experiencia regular de todo lo que hay en la creación. Lo que una vez fue muy fácil, ya no lo era. Lo que era sencillo se convirtió en terriblemente complicado. Todo lo que una vez fue gratuito ahora solo se obtiene a un gran costo. Lo que una vez pareció impensablemente malo y fuera de carácter para el mundo que Dios había hecho, ahora se ha vuelto una experiencia diaria. Las palabras como falsedad, enemigo, peligro, pecado, destrucción, guerra, asesinato, enfermedad, temor y odio se volvieron partes regulares del vocabulario de un mundo caído.

Por primera vez, la armonía entre las personas se había roto. Vergüenza, temor, culpa, reproche, avaricia, envidia, conflicto y dolor hicieron de las relaciones un campo minado que nunca debió ser. Las personas ven a las otras personas como obstáculos para obtener lo que querían o como peligros que debían evitarse. Incluso las familias no pudieron coexistir en ningún tipo de unión duradera y pacífica. La violencia se convirtió en la respuesta común a los problemas que nunca antes existieron. El conflicto existió en la comunión humana como una experiencia más frecuente que la paz. El matrimonio se volvió una batalla por el control, y la rebeldía de los hijos se convirtió en una reacción más natural que la sumisión voluntaria. Las cosas se volvieron más valiosas que las personas, quienes compitieron voluntariamente con los demás para poder adquirir más cosas. La comunión humana estaba más dividida por el amor al yo que unida por el amor al prójimo. Las palabras de la gente, diseñadas para expresar verdad y amor, se convirtieron en armas de ira e instrumentos de engaño. En un instante, la música dulce de la armonía humana se había vuelto la música lúgubre y triste de la guerra humana.

LO MÁS TRISTE SOBRE LA TIERRA

Sin embargo, con todo el caos que el pecado causó en el mundo físico y en la comunión humana, hubo otro resultado horrible. Era algo impensable, tan horripilante, tan difícil de entender, que fácilmente permanece como lo más triste que haya sucedido jamás sobre la tierra. Esta tragedia está representada en una conversación aparentemente tediosa, captada en Génesis 3:8-10.

> Y oyeron al Señor Dios que se paseaba en el huerto al fresco del día; y el hombre y su mujer se escondieron de la presencia del Señor Dios entre los árboles del huerto. Y el Señor Dios llamó al hombre, y le dijo: "¿Dónde estás?"
>
> Y él respondió: "Te oí en el huerto, y tuve miedo porque estaba desnudo, y me escondí".

¡Qué momento tan triste! Aquí tenemos a un hombre creado para hacer que los límites de su vida alcanzaran los límites de la gloria de Dios más lejanos. Aquí tenemos a uno que fue creado para obtener su identidad, significado y propósito de una relación íntima con Dios. Aquí tenemos a una persona cuyas palabras, pensamientos, deseos y hechos debían ser formados por una sumisión y adoración sincera a su Creador. ¿Qué lo hallamos haciendo? Escondiéndose temerosamente cuando Aquel, quien se supone que debe *ser* su vida, se acerca.

La tristeza de esta escena penetra mucho más profundamente que la religión y espiritualidad racional. ¡Se trata de una pérdida aplastante de trascendencia, significado y propósito! **Esconderse de su Creador es esconderse de su verdadera identidad.** Él ha hecho la única cosa que nunca, jamás, se suponía que debió hacer. En un momento de rebeldía consciente, él ha tratado su vida como si no fuera más grande que su vida. Como resultado, su reacción ante la presencia de Dios no es deleite y amor, sino culpabilidad y temor. Él sabe lo que ha hecho. Él ha abandonado la gloria trascendente para la cual fue creado y ha elegido una gloria substituta: tomar para sí mismo la gloria que solamente Dios debía tener. Él ha reducido las fronteras de su vida a sus propios deseos, necesidades y anhelos. Es el pequeño mundo de la autonomía, demasiado pequeño para que la vida verdadera pueda, algún día, existir allí. Este mundo egocéntrico carece del oxígeno de la relación con Dios. No es un lugar de vida. Es un lugar de muerte.

¡Qué triste! Creados para más, Adán y Eva eligen menos a cambio. Olvidando quiénes eran, intentaron encontrar vida fuera de Dios, pero lo que hallaron en cambio fue muerte.

LA AUTONOMÍA Y LA TRASCENDENCIA

¿Qué fue lo que la Serpiente les ofreció a Adán y a Eva que era lo suficientemente atractivo para que ellos sopesaran apartarse de lo central para lo que fueron creados? Les ofreció una gloria *independiente*. Si ellos tan solo daban el paso voluntariamente para salir, podían ser seres trascendentes iguales a Dios. La palabra para esto es *autonomía*. Esta es la mentira (y una que sigue siendo susurrada diariamente en los oídos de las personas): "La clave para la trascendencia verdadera *es* la autonomía". Sin embargo, eso era una mentira malvada y cruel. **La búsqueda de la autonomía siempre aplasta la trascendencia.** En vez de las enormes glorias de vivir para la gloria de Dios, terminó con pequeñas sombras de gloria llenando el cubículo tenue de mi propia gloria. Tal como 2 Corintios 5:15 aclara, los seres humanos nunca fueron diseñados para "vivir para sí mismos". Entonces, cuando Jesús me toca con su gracia rescatadora, ¡Él me está libertando de la atadura que me hice a mí mismo!

Desde ese momento horrible en el jardín del Edén, cada ser humano ha tenido la tendencia de confundir la autonomía con la trascendencia. La inercia del pecado siempre está alejada del Creador y en dirección a nosotros mismos. Y que se sepa que esta no solo es la lucha del no creyente; también es la lucha del creyente. En tanto el pecado aún habite en nuestro corazón, la autonomía estará en guerra con la trascendencia. Somos muy capaces de minimizar las promesas, las glorias y las esperanzas trascendentes del evangelio al tamaño de nuestra vida, olvidando que, por la gracia de Dios, hemos sido rescatados de nuestro cubículo autoconstruido y somos bienvenidos a la vasta amplitud del reino de Dios. **Un día, la guerra entre la**

independencia y la trascendencia terminará, y nosotros viviremos en la gloria, con gloria, para siempre.

HASTA ENTONCES

Una vez, tuve un amigo que contrató a un constructor para que le hiciera una casa nueva para su familia. Su presupuesto era muy limitado, así que ellos solamente podían pagarle a un constructor para que les pusiera un techo sobre su cabeza e hiciera toda la parte de carpintería gruesa. Ellos tuvieron que completar todo el trabajo de los acabados interiores después de que ya se habían mudado a su "nueva" casa. Recuerdo que me dijo: "Estamos muy agradecidos por nuestra casa nueva, pero tenemos que estar recordándonos que la obra no ha sido terminada, y que debemos estar enfocados y trabajando hasta que lo esté". De la misma manera, cada uno de nosotros debería estar profundamente agradecido por nuestra inclusión en la familia de gracia de Dios. Deberíamos estar muy emocionados acerca de la manera en que la gracia ha cambiado radicalmente nuestra vida. Pero también debemos estar conscientes de que Dios todavía no ha terminado su obra en nosotros. Sí, cada día, de alguna manera, tú y yo demostramos que todavía hay trabajo que hacer. Quizá sea una palabra de irritación. Tal vez se demuestre en un momento de egoísmo o de avaricia. Quizá sea que nos neguemos a admitir que estamos equivocados o que estamos dispuestos a trasladarle la culpa a alguien más. Podría revelarse en un pensamiento de lujuria o a transigir en una convicción bíblica. Tal vez sea en los conflictos que son muy frecuentes en mi matrimonio o con mis hijos. Quizá sea en mi falta de voluntad para aceptar mi estado laboral o financiero. El punto es que ahí está la evidencia de que la obra de la gracia de Dios, en la vida de cada uno de nosotros, todavía no está terminada.

Debido a esto, hay dos cosas que yo debo tener presentes siempre.

La tendencia constante de tratar mi vida como si no fuera más grande que mi vida. Todos debemos estar examinado los lugares donde aún tendemos a "vivir para nosotros mismos". Quizá esto resulte como estar más emocionados en lo personal por la adquisición de una cosa material que por el crecimiento en mi relación con el Señor. Tal vez se manifieste como estar en conflicto con otra persona porque es un obstáculo hacia algo que estoy convencido que necesito. Quizá sea comer o gastar más de lo que debo. Tal vez se exhiba por medio de un deseo más fuerte de "ganar" en la conversación que el de tener unidad amorosa. Quizá sea que estar involucrado en mi iglesia local se ha reducido a un espacio el domingo en un horario personal ya demasiado ocupado. Hay una gran tentación en todos nosotros a reducir, al tamaño de las preocupaciones personales de nuestra vida, todo lo que Dios nos ha enseñado y ha hecho en nosotros. Sí, está bien emocionarse. La obra de Cristo te *ayudará* a tener un matrimonio mejor, a ser un amigo mejor, a disfrutar mejor la relación con tus hijos y a hacer un trabajo mejor. *Es* cierto que si tratas con los problemas de tu corazón, progresarás en todas esas áreas. Sin embargo, Dios te ha llamado a un círculo de interés más grande que tu propia vida. Como ves, cuando Dios por su gracia entra en nuestra vida, Él no está obrando tanto como para hacer que nuestro reino funcione, sino que nos está llamando a emocionarnos con un reino mucho más grande y a dedicarnos a él.

CUANDO DIOS POR SU GRACIA ENTRA EN NUESTRA VIDA, ÉL NO ESTÁ OBRANDO TANTO COMO PARA HACER QUE NUESTRO REINO FUNCIONE, SINO QUE NOS ESTÁ LLAMANDO A EMOCIONARNOS CON UN REINO MUCHO MÁS GRANDE Y A DEDICARNOS A ÉL.

La mayoría de nosotros ha aprendido la manera de celebrar nuestra inclusión en la obra magnífica y gloriosa de Dios, mientras que atendemos funcionalmente lo poco que no nos señala directamente. Al hacerlo, hemos cristianizado nuestra autonomía. Esencialmente, le estamos pidiendo a Dios que respalde nuestro intento de minimizar las glorias trascendentes de su reino al tamaño de nuestro círculo de interés personal. Y aunque estamos tratando de vivir dentro de los límites de Dios, aun así hemos fabricado una vida donde el "yo" está en el centro. Es muy posible, por nuestro cristianismo, ser muy estrechos y egoístas y no estar conscientes de la minimización.

Debemos tener presente que la caída fue un desastre total. Repito, es difícil encontrar las palabras para hacerle justicia a la devastación inimaginable que el pecado causó en todo lo que Dios creó. Su efecto fue total y completo. Podrías estar preguntándote por qué es tan importante mantener presente la naturaleza completa de la caída del mundo. Es necesario porque **es solo cuando recuerdas cuán grandes son los efectos del pecado, que tú vivirás en la manera en que Dios te llama a vivir.** Esta es la lógica de vivir en la luz de los propósitos de Dios: si la devastación del pecado es tan amplia como la creación, entonces, la cobertura de la redención debe ser igual de grande. Por lo tanto, estamos llamados a vivir teniendo presente la restauración total de la creación.

¿De qué se trata el reino de Dios? ¿Cuál es la nueva vida a la que Dios me ha llamado? ¿Qué significado y propósito nuevo es convertirme en el centro de mi vida como hijo de Dios? ¿Qué, por todos los cielos, se supone que nosotros, los cristianos, deberíamos estar haciendo?

Dios nos ha llamado a apartarnos de nuestra manera de vivir autónoma y egocéntrica para que vivamos de manera trascendental nuevamente. Esto significa vivir con la restauración en mente en cada situación, lugar y relación en la que Dios me coloque. ¿Y cuál es el propósito redentor de Dios? Está captado en el penúltimo capítulo de la Biblia, cuando Dios, sentado en el trono, dice: "¡Yo hago nuevas todas las cosas!" (Apocalipsis 21:5). Está resumido en Romanos 8:18-24, donde se presenta a toda la creación gimiendo, esperando la redención. **Si la gloria de Dios está reflejada en toda la creación, si los efectos del pecado llegan a toda la creación y si el objetivo de la redención es restaurar toda la creación, entonces, ¿en qué deberíamos interesarnos tú y yo? ¡EN TODO!**

Tu tristeza con el pecado debería ser más grande que el hecho de que complica tu vida. Tu tristeza debería extenderse tan lejos como llegue el pecado. Tu celebración de la gracia restauradora de Dios debería ser más grande que el hecho de que eso lleva bendición a tu mundo privado. No, tu celebración debería llegar tan lejos como la restauración sea necesaria. La gracia de Dios en realidad te invita a *pensar en grande* a *vivir en grande*. Dios te invita a ser una parte activa y diaria de el "más" de la redención. Su gracia restauradora te da una razón para extender los límites de tu interés mucho más allá de las fronteras de tu propia vida. Él te llama a salir de tu reinito para que des tus talentos, dones, recursos y tiempo a los intereses gloriosos de su gran reino celestial.

NOS EMOCIONAMOS TANTO ACERCA DE LOS BENEFICIOS PERSONALES DE LA REDENCIÓN QUE PERDEMOS DE VISTA EL MAYOR OBJETIVO DE LA REDENCIÓN.

Como su hijo, cuando te levantas por la mañana, despiertas ante un reino enorme. Se remonta a través de la historia y se extiende hasta antes de que los cimientos del mundo se colocaran. Se alarga hacia adelante en el tiempo hasta la eternidad sin fin. Abarca cada lugar conocido y desconocido, cada situación de todo tipo, cada persona y cada cosa creada. El objetivo de este reino es la restauración completa de cada una de las cosas que se dañaron por la caída. Ya no debes vivir para ti. La gracia te ha llevado a través de la puerta para hacer algo más y mejor. La gracia te llama a amoldar tu vida a los contornos de esta obra maravillosa de la restauración. Tal como lo proclama el gran villancico antiguo de Navidad: "El viene a dar a conocer sus bendiciones, hasta el más recóndito lugar donde se halle la maldición". ("Al mundo paz").

Pero este es precisamente el lugar donde sucede nuestro problema. Nos emocionamos tanto acerca de los beneficios personales de la redención que perdemos de vista el mayor objetivo de la redención. Sí, los beneficios personales de la redención son maravillosos, dignos de una celebración eterna. Sin embargo, el propósito de la redención no es hacer que nuestros reinos tengan éxito, sino invitarnos a entrar a un reino mucho más grande y mucho mejor.

Jim Collins hace esta observación sorprendente en su libro de mayor venta sobre administración corporativa, *Good to Great.*

> Lo bueno es el enemigo de lo magnífico. Y esa es una razón clave del porqué tenemos tan poco que se convierte en magnífico. No tenemos escuelas magníficas, principalmente porque tenemos buenas escuelas. No tenemos un gobierno magnífico, principalmente porque tenemos un buen gobierno. Pocas personas logran magníficas vidas, en gran parte debido a que es muy fácil conformarse con una buena vida.[1]

¡La observación de Collins es muy importante! Muchos de ustedes han hecho exactamente lo que él dice en lo que se refiere a su andar con el Señor. Te has conformado en un gozo enfocado en ti de la vida buena. Estás disfrutando lo que la gracia ha hecho en tu matrimonio, tu paternidad, tus amistades y tu vida laboral. Ha sido demasiado fácil para ti pasar por alto el punto de que fuiste rescatado de lo que era muy malo; no solo para ser parte de algo bueno, sino sorprendentemente, para ser parte de algo grandioso.

Has sido escogido para *trascender*, trascender los límites de tus esperanzas y sueños, para trascender los límites de tus planes y propósitos y para trascender la fronteras de tu familia y tus amigos. Has sido escogido para trascender el alcance más lejano de tu definición de gloria, para ser parte de una gloria mayor, la gloria de Dios y su obra de hacer nuevas todas las cosas.

¿Te has conformado con una vida muy pequeña? En medio del desastre total del pecado, ¿te has conformado con algo bueno cuando has sido elegido para algo grandioso?

LA PREGUNTA FINAL: ¿HAS TRATADO EL TAMAÑO DE LA GRACIA DE DIOS COMO SI NO FUERA MÁS GRANDE QUE EL TAMAÑO DE TUS INTERESES PERSONALES?

¿ESTÁS TRATANDO DE CONSTRUIR TU PROPIO REINO?

4

BIENVENIDO A MI REINITO

Rei.no: Un ámbito o esfera donde una cosa es dominante

EN RESUMEN: LA VIDA DE CADA UNO DE NOSOTROS SE FORMA POR LA GUERRA ENTRE EL REINO DE DIOS Y EL REINO DEL EGO.

Se llamaba Puzzletown, y era su propio reinito. Desde los primeros momentos de su vida, Ethan, nuestro segundo hijo, fue nuestro artista y nuestro soñador. Él no solo estaba en su propio mundo; ¡él lo construyó! Y cuando descubrió Puzzletown, fue como si finalmente hubiera encontrado todo lo que buscaba. Puzzletown era un juguete de construcción tridimensional que permitía que el niño construyera una pequeña comunidad con casas, tiendas y jardines. ¡De repente, él era el señor y hacedor de su propio pequeño mundo! El pequeño pueblo cumplía su propósito y funcionaba de acuerdo con su voluntad. Él pasaba horas en el "reino Ethan", perdía la noción del tiempo al disfrutar ser creador y estar a cargo.

Ahora Ethan es todo un hombre, y Puzzletown está bien guardado en nuestro sótano. Sin embargo, podría imaginar que el deseo de Ethan de construir un reino todavía está en él, de la misma manera que está también en ti y en mí. Como ves, todos somos constructores de reinos. El problema es ¿de quién es el reino que estamos construyendo?

Déjame remontarte al jardín del Edén una vez más. En esa retorcida conversación con Eva, la Serpiente le estaba vendiendo a ella un "mejor" reino. En este reino, ella sería quien estaría en el trono. Este reino se trataría de la voluntad y la manera de ella. Lo que Satanás dijo que le estaba ofreciendo a Eva era algo más grande y mejor, pero lo que realmente le ofrecía era mucho menos e infinitamente más pequeño.

Desde ese día funesto, la vida y la historia humana ha sido moldeada por reinos en conflicto. El reino pequeño lucha contra el reino grande, el reino de este mundo lucha con el reino del cielo, y el reino del hombre lucha contra el reino de Dios. Esta guerra sucede detrás de toda intención, decisión, pensamiento, palabra, deseo y hecho humano. Todo lo que cada uno hace, se hace en la búsqueda del éxito de uno de estos reinos. Esta guerra es incesante e inevitable porque se libra en el terreno del corazón de cada uno de nosotros. Creados para vivir en el "reino grande", el pecado tuerce nuestra lealtad y nos hace estar demasiado dedicados a los reinitos que hacemos por nosotros mismos. Nos cegamos a las glorias trascendentes del reino grande y creemos realmente que las pequeñas sombras de gloria de nuestro reinito son lo mejor que hay.

LA VIDA Y LA HISTORIA HUMANA HA SIDO MOLDEADA POR REINOS EN CONFLICTO.

El problema es que la mayoría de nosotros no piensa en términos de reino. Ya sabes, tú simplemente y sin pensarlo te levantas en la mañana y vas a trabajar, o preparas a los niños para ir a la escuela, o sacas al perro a caminar, o lees el periódico matutino. Tú y yo no vivimos con un sentido rápido de nuestras intenciones o lealtades. Y esta es precisamente la manera en que nos metemos en problemas. Sin saberlo, podemos reducir las promesas de la Escritura a la esperanza de que la gracia de Dios asegurará el éxito de nuestros reinitos. En cambio, las promesas de la Biblia son una invitación a participar activamente en un reino mejor y más grande, el reino de Dios. ¿Y dónde buscas los intereses del reino grande? En exactamente el mismo lugar donde estás tentado a buscar el reinito, justo donde vives y donde trabajas cada día.

TESOROS Y LIRIOS

¿Cómo es vivir en un *reinito*? Jesús responde brillantemente esta pregunta en Mateo 6.

> No os acumuléis tesoros en la tierra, donde la polilla y la herrumbre destruyen, y donde ladrones penetran y roban; sino acumulaos tesoros en el cielo, donde ni la polilla ni la herrumbre destruyen, y donde ladrones no penetran ni roban; porque donde esté tu tesoro, allí estará también tu corazón.
>
> La lámpara del cuerpo es el ojo; por eso, si tu ojo está sano, todo tu cuerpo estará lleno de luz. Pero si tu ojo está malo, todo tu cuerpo estará lleno de oscuridad. Así que, si la luz que hay en ti es oscuridad, ¡cuán grande será la oscuridad!
>
> Nadie puede servir a dos señores; porque o aborrecerá a uno y amará al otro, o se apegará a uno y despreciará al otro. No podéis servir a Dios y a las riquezas.
>
> Por eso os digo, no os preocupéis por vuestra vida, qué comeréis o qué beberéis; ni por vuestro cuerpo, qué vestiréis. ¿No es la vida más que el alimento y el cuerpo más que la ropa? Mirad las aves del cielo, que no siembran, ni siegan, ni recogen en graneros, y sin embargo, vuestro Padre celestial las alimenta. ¿No sois vosotros de mucho más valor que ellas? ¿Y quién de vosotros, por ansioso que esté, puede añadir una hora al curso de su vida?
>
> Y por la ropa, ¿por qué os preocupáis? Observad cómo crecen los lirios del campo; no trabajan, ni hilan; pero os digo que ni Salomón en toda su gloria se vistió como uno de estos. Y si Dios viste así la hierba del campo, que hoy es y mañana es echada al horno, ¿no hará mucho más por vosotros, hombres de poca fe? Por tanto, no os preocupéis,

> diciendo: "¿Qué comeremos?" o "¿qué beberemos?" o "¿con qué nos vestiremos? Porque los gentiles buscan ansiosamente todas estas cosas; que vuestro Padre celestial sabe que necesitáis de todas estas cosas. Pero buscad primero su reino y su justicia, y todas estas cosas os serán añadidas. Por tanto, no os preocupéis por el día de mañana; porque el día de mañana se cuidará de sí mismo. Bástele a cada día sus propios problemas.
>
> —MATEO 6:19-34

La vida en el reinito está moldeada por dos puntos de enfoque. Primero, está moldeada por la búsqueda de *tesoros terrenales* (versículos del 19 al 24). El concepto del tesoro es muy útil aquí. Un tesoro es una posesión de cualquier tipo que sea valiosa. Como seres humanos, todos somos cazadores de tesoros. La razón que Cristo está enseñando aquí resuena con la verdad porque cada uno de nosotros, de alguna manera, es una persona en busca de algún tipo de tesoro. Quizá lo de más alto valor para ti sea el afecto de alguien. Tal vez lo de más valor para ti sea el poder y el control. O quizá cierta posesión o estilo de vida o experiencia sea el tesoro que buscas. Tal vez sea criar hijos exitosos o felicidad conyugal. Quizá sea éxito de largo plazo en el ministerio. Todos trabajamos por tesoros; la única manera en que diferimos es en el tipo de tesoro que buscamos.

Asumiendo que todos buscamos un tesoro, Cristo nos advierte contra vivir por los tesoros físicos del aquí y el ahora. Él advierte contra invertir todos los dones, talentos, tiempo, recursos y energía de tu vida en los tesoros temporales e insatisfactorios de la tierra física. Pero asusta cuán magnéticos y poderosos son estos "tesoros". Yo nunca me levanto por la mañana y digo: "Quiero que mi trabajo sea el único tesoro que organice mi vida"; sin embargo, de alguna manera, se convierte en eso. Nunca digo: "Hoy, voy a recibir mi identidad, significado y propósito de otro ser humano"; sin embargo, de alguna manera, el afecto de cierta persona se convierte en mi tesoro. Nunca digo: "He decidido hallar toda mi felicidad personal en la posesión de cosas materiales"; sin embargo, cada vez más, vivo para adquirir. **Aunque nunca haya tomado la decisión consciente de que estas cosas sean mi tesoro, los valores físicos de la tierra me atrapan y me esclavizan.** Yo nunca digo: "Haré del poder y el control la cosa de máximo valor en mi vida"; pero, de alguna manera, lo es. Nunca digo: "Haré del éxito de mis hijos el tesoro principal de mi vida"; sin embargo, de alguna manera, así sucede.

En esta enseñanza muy importante, Cristo nos invita a meditar sobre cuán triste es para una persona invertir su vida en la búsqueda de todos los tesoros equivocados. Luego, Él nos invita a examinar humildemente qué clase de tesoros estamos buscando con ansias. No fuimos creados para encontrar nuestra satisfacción en los reinitos terrenales del aquí y el ahora. Fuimos creados para buscar un tesoro mejor, y que al hacerlo, estemos eternamente agradecidos y satisfechos.

Pregúntate: ¿qué haces que tu buen día sea un buen día? ¿Cuáles son las cosa que tienden a hacerte feliz y a satisfacerte? ¿Qué le da a tu vida una sensación de significado y propósito? ¿Cuáles son las cosa que buscas fielmente, y qué esperas experimentar una vez que las alcances? Si yo viera el vídeo de tu año pasado, ¿cuál tesoro concluiría yo que tú buscas?

El segundo enfoque de vivir en un reinito es la *necesidad basada en la ansiedad* (versículos del 25 al 34). Cristo dice algo muy radical aquí. Él dice que no puedes reducir tu vida a solo asegurarte de que todas tus necesidades sean satisfechas. Luego, Él dice: "¡Tu vida es más importante que eso!". Como ves, yo no fue creado para minimizar el tamaño de mi vida al tamaño de mis necesidades sentidas. Hay algo increíblemente deshumanizante sobre vivir de esta manera. **Si la verdadera humanidad estuviera atada en la comunión con Dios, y la comunión devota con los demás, yo nunca la experimentaría si todo lo que mis ojos vieran es mi propia necesidad.**

Esta manera de vivir está siempre plagada de ansiedad y temor. Como ves, yo nunca podré controlar todas las cosas que deben ser controladas para que yo pueda garantizar que todas mis necesidades estarán cubiertas. Si fuera un granjero, no podría controlar el clima. Si fuera padre, no podría controlar el corazón de mis hijos. Si fuera un esposo o una esposa, no podría controlar el afecto de mi cónyuge. Si fuera un trabajador, no podría controlar la economía. Si fuera un amigo, no podría controlar la aceptación de los demás. Si fuera un vecino, no podría controlar las decisiones de las personas que viven al lado de mi casa. Si fuera un ciudadano, no podría controlar los poderes del gobierno. Cuando yo llevo la carga de cubrir mis propias necesidades como el enfoque más dominante de mi vida, siempre lucharé con la ansiedad que viene de darme cuenta de cuán pequeño es en realidad el círculo de mi control.

Pero hay otra cosa que sucede aquí. Es la *dinámica de la necesidad de expansión*. Mientras más me concentro en mis necesidades, más cosas de la vida se añaden a esa categoría. **Mientras más vivo con la necesidad de cubrir mis necesidades como mi enfoque principal de interés, más cosas en mi vida llegan a definirse como necesidades.** Si escuchas la manera en que tendemos a incluir la palabra "necesidad", pronto te darás cuenta de que las muchas cosas que hemos definido como necesidad, de hecho, no son esenciales para vivir. Tú probablemente no "necesites" realmente una buena comida. Probablemente no "necesites" un aumento. Probablemente no "necesites" esa casa nueva. Tú probablemente no "necesites" el afecto de esa persona. Probablemente no "necesites" esa posición a la que aspiras. Probablemente no "necesites" defender tu reputación. Probablemente no "necesites" el reconocimiento de tus compañeros. Sin embargo, mientras más concentras tu atención en tu propia necesidad, más serán bautizados tus deseos como necesidades.

CÓMO LOCALIZAR EL REINITO

Cuando los fariseos le preguntaron a Jesús cuándo vendría el reino de Dios, Lucas lo documenta a Él diciendo: "El reino de Dios no viene con señales visibles, ni dirán: '¡Mirad, aquí está!' o: '¡Allí está!', porque he aquí, el reino de Dios entre vosotros está" (Lucas 17:20-21).

Al igual que el reino grande de Dios, el reinito no es un lugar, sino un compromiso del corazón. Y debido a que es un compromiso del corazón, yo llevo al reinito a donde quiera que vaya. Entonces, si mi corazón está gobernado por los *tesoros terrenales* y por las *necesidades basadas en la ansiedad* del reinito, mi búsqueda por el tesoro personal y mi búsqueda para suplir mis necesidades darán forma a la manera en que reacciono a todo en mi vida.

VIVIR EN EL REINITO CONVIERTE LA VIDA EN UNA BÚSQUEDA INTERMINABLE POR EL TESORO TERRENAL Y UN ENFOQUE PERMANENTE EN LA NECESIDAD PERSONAL.

Entonces, en mis relaciones, estaré esforzándome por encontrar mis tesoros y asegurarme de que mis necesidades sean satisfechas. En el ministerio, estaré buscando el tesoro y supliendo mi necesidad personal. El enfoque *tesoro y necesidad* del reinito le dará forma a la manera en que interactúe con todo en mi vida. También moldeará la forma en que me siento acerca de mi vida. Si mi relación con un amigo suple ese tesoro de aceptación que anhelo, entonces hallaré a esa relación disfrutable y satisfactoria. Pero si no es así, estaré desanimado, temeroso, ansioso, enojado o insatisfecho. Si mi trabajo suple el nivel de ingreso que yo estoy convencido que necesito, entonces disfrutaré mi empleo y estaré motivado a invertir allí mis energías. Pero si no es así, entonces sentiré negatividad acerca de mi empleo y me será difícil entregarme con entusiasmo.

El reinito es una manera de vivir que moldeará la forma en que yo reacciono ante todo lo que Dios ha colocado en mi vida. Vivir en el reinito convierte la vida en una búsqueda interminable por el tesoro terrenal y un enfoque permanente en la necesidad personal. Tristemente, al no disfrutar la vida trascendente para la que fui puesto en esta tierra, la restrinjo al tamaño de mis deseos y necesidades. Es un reino tan pequeño que no hay espacio en él para Dios o para los demás. Y debido a que fui creado para ser parte de algo enorme, un reino mucho más grande que el tamaño de mi vida, este reinito restringido aplastará mi humanidad.

Claro está, todavía me relacionaré con otras personas y aún seguiré trabajando. Asistiré a la iglesia y participaré en el ministerio. Me involucraré en actos de generosidad y servicio. Sin importar cuánto me relacione y lo activo que parezca estar, todo es por mí y para mí. Es el reinito, y por toda la apariencia de comunidad en la manera en que vivo, hay lugar solamente para una persona en él. Donde sea que yo esté o lo que haga, si las cosas que estoy buscando no se encuentran, para mí será muy difícil continuar participando. El reino siempre es un reino de una persona.

ENTONCES, ¿POR QUÉ ES TAN ATRACTIVO EL REINITO?

El reinito es atractivo por una razón primordial: porque el "yo" es siempre el centro. Hay una forma en la cual esto atrae a cada pecador. El pecado hace que cada uno de nosotros esté aterradoramente enfocado en sí mismo. El ADN del pecado es el egoísmo. El pecado se trata de querer que todo suceda como yo quiero, a mi manera y cuando yo quiero. Entonces, la inercia del pecado siempre es hacia uno mismo y no hacia los demás. Está allí, en el árbol del jardín del Edén, en el engaño de Jacob, en el latrocinio de Acán, en la desobediencia de Saúl, en la deslealtad de Absalón, en el orgullo de Nabucodonosor, en la negación de Pedro y en la traición de Judas. También está presente en el corazón de un niño que, aun sin poder hablar, tensa su pequeño cuerpo con enojo, y en el niño de preprimaria que se burla de su compañero de clase con el hecho de que su almuerzo es el mejor. Se halla en las relaciones malintencionadas de los adolescentes; cuando me enojo porque alguien estorba mi paso en la tienda de alimentos; cuando alguien se come el cereal que yo había guardado para mi desayuno. El pecado hace que queramos que todo

EL ADN DEL PECADO ES EL EGOÍSMO. EL PECADO SE TRATA DE QUERER QUE TODO SUCEDA COMO YO QUIERO, A MI MANERA Y CUANDO YO QUIERO.

salga como queremos, a nuestra manera egoísta. El gancho de venta de la Serpiente en el jardín del Edén es: "Puedes salirte con la tuya. Lo único que tienes que hacer es…". No hay una oferta más tentadora para el pecador. En alguna parte, en la profundidad de nuestro corazón pecaminoso, esto es secretamente lo que todos queremos: salirnos con la nuestra. Y esto es de lo que el Redentor ha venido a rescatarnos. Él vino a separarnos de los límites restringidos de nuestros diminutos reinos y, por su gracia, a invitarnos a las amplias glorias de un reino mejor. Sin embargo, aun frente a su gracia, yo voy a tratar de utilizar los principios de su reino y sus promesas de misericordia para hacer que funcione mi reinito. **No puedes meter a presión el estilo de vida de gran visión del reino de Dios en los límites de pequeña visión del reino del yo. Sencillamente, nunca cabrá.**

RECORDAR AL PADRE Y VIVIR A CUERPO DE REY

Fue uno de los momentos más difíciles en mi ministerio, uno que nunca imaginé que alguna vez atravesaría. Yo había sido uno de los fundadores de una escuela cristiana. Había dado clases allí mientras seguía siendo pastor y sin ningún ingreso adicional. Había servido como director y presidente de la junta durante ocho años. Mientras tanto, yo pagué por la colegiatura allí de cada uno de mis hijos. Sin embargo, una noche traumática, me removieron de mi posición y de toda influencia sobre la escuela que era tan preciada para mí y para mi ministerio.

Esa noche, conduje a casa, sin poder asimilar lo que realmente había sucedido. Apenas podía hablar mientras le contaba a mi esposa los eventos horribles de esa noche. La mañana siguiente, en mi mente veía los rostros de burla de quienes habían dirigido el espaldarazo. Estaba decidido a que tenía que hacer algo. Me estaba preparando para la batalla… hasta que llamé a mi hermano Tedd. Él dijo: "Paul, lamento que te haya pasado esto, pero ¿qué vas a hacer? ¿Vas a ir con cada uno de esos líderes y a seguir insistiendo hasta que los convenzas de que cometieron un error? ¿Y luego, vas a ir a buscar a cada persona que votó en tu contra y a hacer lo mismo con ellos? ¿Cuánto tiempo piensas que tomará esto? ¿Y qué va a pasar en el proceso con las otras cosas del ministerio al que Dios te ha llamado?"

Él continuó diciendo: "Se que lo que estás atravesando es muy difícil de enfrentar, pero la escuela no es tuya, pertenece al Señor y Él puede hacer lo que quiera con ella. Tú no has estado construyendo tu reino; Él te ha estado usando para construir el suyo. Te sugiero que te levantes por la mañana y sigas haciendo lo que Dios te ha llamado a hacer. Sirve a la escuela y sirve a la gente en todas las formas que puedas, y confía la salud del reino de Dios en las manos de Él".

EN UN MOMENTO DE GRACIA DOLOROSA, DIOS HIZO UN AGUJERO EN MI REINITO DE CUBÍCULO Y METIÓ SU MANO AMOROSA Y EMPEZÓ A SACARME DE ALLÍ.

Fueron palabras tiernas, pero dolieron. En algún momento del camino, se había convertido en *mi* escuela. En alguna parte del camino, se volvió mi presencia y mi visión. En alguna parte del camino traté de meter a presión la visión de gran reino de la educación cristiana dentro de los límites del reinito del ministerio de Paul Tripp. Y tuve que admitir humildemente que la mayor parte de mi tristeza no se trataba de lo que era mejor para la escuela, sino del hecho de que ellos me habían removido. Sí, me habían hecho mal, pero mi reacción a eso reveló algo que había sucedido en mi interior. No solamente los dos reinos estaban en conflicto, sino que yo había confundido un reino con el otro. Pensé que estaba haciendo la obra de un gran reino, pero esa obra empezó a servir los propósitos de las visiones de mi reinito. En un momento de gracia dolorosa, Dios hizo un agujero en mi reinito de cubículo y metió su mano amorosa y empezó a sacarme de allí.

El giro dramático en Mateo 6 llega hasta el final mismo del pasaje, en el penúltimo versículo: "Pero busquen primero Su reino y Su justicia, y todas estas cosas les serán añadidas". La palabra *pero* es una bienvenida a una nueva manera de vivir. ¿Qué es lo que aviva a la antigua manera de vivir? Los tesoros terrenales y las necesidades basadas en la ansiedad impulsan a la antigua manera de vivir. Olvidar al Padre y su compromiso inamovible de proveer todo lo que sus hijos necesitan para hacer la obra de su reino es lo que impulsa a la antigua manera de vivir. De nada sirve concentrarse funcionalmente en el yo mientras se olvida constantemente al Padre.

La nueva manera de vivir está impulsada por un enfoque en las glorias trascendentes de los propósitos del gran reino de Dios. Estos propósitos abarcan toda la historia y se esparcen sobre toda la creación. Los cuales nunca pueden meterse a presión en los cuarteles estrechos de mi reinito. Admitir mi debilidad diaria y sinceramente, junto con un descanso alegre en la provisión fiel de mi Padre, también impulsa a la nueva manera de vivir.

Esto es a lo que hemos sido invitados: Tú y yo podemos levantarnos en la mañana en la provisión de nuestro Padre celestial con una alegría calmada mientras somos cautivados por el hecho de que hemos sido incluidos en las alegrías trascendentes de su reino. Allí hay glorias para disfrutar que tú nunca experimentarás en los límites de tu reino unipersonal. Tú fuiste creado y llamado a vivir en grande. ¿Por qué querrías retirarte en los límites estrechos de tu propio reinito?

LA PREGUNTA FINAL: ¿QUÉ TESOROS TERRENALES Y NECESIDADES BASADAS EN LA ANSIEDAD TIENDEN A CONTROLARTE A TI Y A TUS REACCIONES ANTE LA VIDA?

¿HAS DESCUBIERTO… TU PROPIA CIVILIZACIÓN?

5

CÓMO DESCUBRIR TU CIVILIZACIÓN

Ci.vi.li.za.ción: Un tipo de cultura o sociedad desarrollada en un tiempo y lugar específico.

EN RESUMEN: TÚ Y YO SIEMPRE ESTAMOS SIENDO CIVILIZADOS O CIVILIZANDO A LOS DEMÁS PARA ENTRAR EN LA CULTURA DE ALGÚN TIPO DE REINO.

Era uno de esos grandes especiales del *Discovery Channel.* Los arqueólogos trabajaban para descubrir información sobre cierta batalla registrada en los anales de la historia, pero de la cual nunca se había encontrado prueba física. Cuando empezaron su excavación, de inmediato empezaron a descubrir indicios de conflicto. Al principio, estaban felices de cuán fácil y rápido se había dado el descubrimiento. Sin embargo, mientras más excavaban, más confundidos estaban. Mientras más examinaban los artefactos que ahora tenían en sus manos, más convencidos estaban de que este no era el lugar de la batalla que ellos habían estado investigando. Ahora, empezaron a ponerse realmente emocionados. No tenían idea de qué era lo que veían.

El poder del descubrimiento empezó a atraparlos. Quizá lo habían logrado. Quizá estaban en medio de descubrir una civilización previamente desconocida. No sabían que lo que estaban por descubrir podría cambiar permanentemente la manera en que el mundo veía la historia de esta región. No habían comprobado la teoría de su batalla, pero habían descubierto una civilización completamente nueva.

Esto es lo que yo quiero hacer contigo en este capítulo. Quiero llevarte conmigo a una excavación arqueológica hacia la civilización del corazón pecaminoso del ser humano. Quiero que analicemos los tiestos de barro que se hallan allí. Quiero que tomemos en nuestras manos los artefactos del corazón y los examinemos con nuestros ojos.

ESTÁS MÁS CIVILIZADO DE LO QUE CREES

En el capítulo anterior hablamos del hecho de que todos somos constructores del reino. Otra forma de decirlo es que todos somos *civilizadores.* Todos estamos ocupados construyendo algún tipo de sociedad o cultura. Ya sea que nos entreguemos a construir la cultura del yo o que participemos alegremente en construir la cultura del Rey. **Cada día está formado por los planos, las leyes, las políticas, las estructuras, los planes, la política, las relaciones, los objetivos, los propósitos y las acciones de algún tipo de civilización. Si eres un ser humano no puedes escapar de esta obra.** Tú y yo siempre estamos siendo "civilizados" y civilizando a los demás en una cultura de algún tipo de reino. Cuando los niños están estancados en el tránsito, junto a su airado padre, mientras él maldice la existencia de los seres humanos vehículo-dependientes que están en su camino, los niños están siendo civilizados en una manera de pensar y de reaccionar en la vida. Cuando un adolescente se burla de un compañero de clase para ganar un estatus ante sus amigos, él está civilizando a su víctima. Cuando una madre enseña amorosamente a sus hijos cómo vivir en paz unos con otros, ellos están siendo civilizados. Cuando una esposa, en busca de alivio material, compromete a su familia entera en una gran deuda, ella está civilizando a su pareja. Cuando un pastor despliega la gloria trascendente de Dios ante la congregación de su iglesia, él está civilizando a sus oyentes. Estamos trabajando permanentemente para construir algún tipo de civilización, y siempre estamos presionando a los demás para entrar en las reglas y valores de esa civilización. Quiero darle un ejemplo sencillo.

Supongamos que hay una madre para quien poseer artículos finos es uno de los valores más altos en su reinito unipersonal. Su hijo adolescente ha estado aprendiendo durante años las reglas del reino materialista de la madre. Él ha aprendido a mantener su habitación como si fuera un museo y a no caminar nunca en el piso de madera con los zapatos puestos. Ha aprendido a lavar el vehículo, incluso cuando no le parece que esté sucio. Ha aprendido a no invitar amigos a su casa sin informarle a su mamá anticipadamente. Ha aprendido que la cocina debe verse como si nunca se ha comido en ella, y que debe vestir siempre como si acabara de salir de un comercial de *Gap*. Ninguna de estas reglas está por escrito, pero son los valores sobreentendidos de la cultura de su hogar. Como ves, las reglas del reinito de su madre han civilizado a este adolescente. Sin embargo, él está ahora en un verdadero problema. Acaba de confesar que chocó el vehículo nuevo de su madre, y en su nerviosismo, también derramó una bebida en su sofá blanco, nuevo. En el reinito de su madre, no hay espacio para ninguna de esas cosas; ahora él está en la mira de su enojo.

NO ES SOLAMENTE QUE TODOS TENDEMOS A CONSTRUIR NUESTRO PROPIO REINITO CLAUSTROFÓBICO, SINO QUE QUEREMOS QUE LA GENTE QUE NOS RODEA CUMPLA TAMBIÉN CON LAS REGLAS DE NUESTRO REINITO.

No es solamente que todos tendemos a construir nuestro propio reinito claustrofóbico, sino que queremos que la gente que nos rodea cumpla también con las reglas de nuestro reinito. Así que todos tenemos maneras para hacer que quienes nos rodean asuman nuestra cultura. La prometida hace que su prometido asimile las reglas de su reino al infringirle con el silencio cuando él no le da los halagos que ella busca. Después de cuatro o cinco de estos momentos de silencio, él aprende las reglas y la necesidad de cumplirlas. El padre, quien desea la paz y quietud en su casa mientras lee el periódico, fuerza a su familia a asimilar su cultura por medio de sus arrebatos de enojo. En poco tiempo, ellos aprenden a andar de puntillas cerca de él cuando lo ven con el periódico en sus manos. El jefe, quien está obsesionado con su propio éxito, obliga a sus empleados a asimilar las reglas de su reino por medio de un sistema de amenazas y recompensas. En poco tiempo, cada uno de sus empleados está "civilizado" cumple con las reglas tal como se le exige. Los jóvenes de secundaria hacen que sus compañeros entren a su civilización de la apariencia por medio de la risa burlona cuando alguien viste algo que no está aprobado. El compañero aprende rápidamente las reglas, ya no acepta que su mamá elija la ropa por él y decide usar solamente lo que está en la lista de lo "genial".

En cada uno de los ejemplos, las personas están siendo civilizadas: es decir, se les enseñan las reglas del reinito y se les dice qué sucederá si no las cumplen. Hay una manera en la que todos nosotros queremos que la gente que nos rodea cumpla la función de nuestro reino. Todos estamos construyendo algún tipo de civilización, y todos estamos civilizando a quienes nos rodean.

CIEGOS Y CONFUNDIDOS

Uno de los problemas en lo que hemos estado analizando es que toda esta edificación del reino profunda, formadora de vida sucede en el contexto de lo absolutamente mundano. Tu edificación del reino siempre sucede en un momento corto y casi imperceptible porque allí es donde vives. Nunca alguien le ha dicho a otra persona: "Estoy construyéndome un reino, y si quieres relacionarte conmigo vas a tener que cumplir con las reglas de mi reino". Nadie dice jamás: "He decidido abandonar las glorias del reino de Dios para buscar las glorias orientadas a mí de mi propio reino". En cambio, debido a la ceguera del pecado y al hecho de que existimos en momentos pequeños, mucho de nuestra edificación del reino sucede sin una intencionalidad consciente. Y a causa de que hemos definido la moralidad bíblica como el guardar un grupo de reglas en vez de que el Señor sea el dueño de nuestro corazón, mucho del conflicto de reinos pasa desapercibido. Como resultado, **nuestra vida acaba siendo formada por una mezcla confusa de las reglas del gran reino (el reino de Dios) y las reglas del reinito (el reino del yo).**

En la casa, papá no solo se enoja cuando se rompen las leyes de Dios, sino cuando sus reglas también se rompen. Mamá no solamente está dedicada a asegurarse de que sus hijos internalicen los estándares de Dios; ella quiere que ellos internalicen también las reglas de su civilización. Lo que los hijos saben por excelencia es que romper las reglas del reinito atrae mucha más atención que romper las reglas del gran reino y, a veces, hasta más. En la licuadora del horario frenético del promedio de la familia cristiana moderna, estos dos sistemas legales se mezclan tanto que se vuelve difícil separar uno del otro. Decimos que estamos sirviendo a Dios, pero hay otra civilización que está moldeando cada intención, decisión y acción.

Cuando se trata de qué reino estamos edificando, es muy fácil estar ciegos y confundidos. Decimos que abrazamos lo trascendente, pero a la hora de la verdad en nuestra vida diaria, nuestro vivir disminuye al campo de las preocupaciones personales. No abandonamos la fe, porque el reino verdadero que estamos edificando, donde vivimos y trabajamos cada día, es un reino unipersonal.

LAS CARACTERÍSTICAS DE LA CIVILIZACIÓN DEL YO

Debido al engaño sutil que la edificación de nuestro reino intenta para culturizar a los demás, es importante que reconozcamos cómo es el reinito. Ninguno de nosotros tiende a pensar que está viviendo para sí mismo. La presencia de la civilización del yo es así de sutil. Todos tendemos a acreditarnos el vivir para Dios. Tristemente, la verdad para la mayoría de nosotros es que nuestra vida está formada por una mezcla problemática de la agenda de los dos reinos. Podemos hacer cosas para el gran reino (ministrar a otros) con los motivos del reinito (para ser respetados o aceptados). O podemos hacer ambas cosas al mismo tiempo (yo te sirvo, mientras te digo cuán enojado he estado contigo por algo que me hiciste). Debemos recordar que la inercia del pecado siempre está apartada del gran reino e inclinada hacia el reinito. Este conflicto entre reinos es la guerra de las guerras. Es de lo que se trata la guerra espiritual.

El problema es que las batallas más grandes suceden en los momentos más pequeños, de manera que su drama moral puede pasar casi desapercibido. Y es posible que el pueblo de Dios ande espiritualmente mutilado y ni siquiera lo sabe. Es posible que nosotros profesemos lealtad al gran reino y, sin embargo, nuestras decisiones diarias estén peleando por el éxito del reino unipersonal. Por lo tanto, identificar las características del reinito es muy importante. Quiero enumerarlas y discutirlas contigo.

ES POSIBLE QUE NOSOTROS PROFESEMOS LEALTAD AL GRAN REINO Y, SIN EMBARGO, NUESTRAS DECISIONES DIARIAS ESTÉN PELEANDO POR EL ÉXITO DEL REINO UNIPERSONAL.

Enfoque en ti mismo. Esto es de lo que hemos estado discutiendo. El reinito *es* el reino del yo. Está impulsado por el deseo personal y la necesidad. Sus ojos siempre ven hacia adentro, y sus reglas están determinadas por lo que es mejor para mí. Compacta todas mis relaciones y actividades en los contornos de mis necesidades percibidas y mis tesoros personales. Aunque quizá yo sepa que los estoy haciendo, entraré en cada foro de mi vida con una actitud de "qué gano yo". Me caerás bien cuando me ayudes a obtener lo que quiero, pero tendré problemas con un enojo espontáneo en contra tuya cuando sin darte cuenta me estorbes lo que yo quiero. Aunque me describa a mí mismo como temeroso de Dios, yo me coloco funcionalmente en el centro de mi universo. El único enfoque más influyente del reinito es el enfoque en el yo. Lo que es "bueno" para mí es la ley de este universo unipersonal. *¿Lo "bueno" de quién impulsa diariamente tus conversaciones, decisiones y acciones?*

Pretensión de superioridad. Solamente cuando me concentro en la santidad y la gloria de Dios puedo verme a mí mismo con precisión. La pretensión de superioridad me ciega ante las realidades de quién soy y tiende a hacer que yo esté mucho más consciente de los pecados de los demás que de los propios. Estaré enojado con los demás, no porque pequen, sino porque en su pecado, ellos se interponen en el camino de lo que estoy convencido que necesito. Dado que nadie es más influyente en mi vida que yo, y debido a que nadie me habla más a mí de lo que yo me hablo a mí mismo, lo que yo me diga de mí mismo es muy importante. El reinito, estando más dominado por mi conversación interna que por la revelación de Dios, no estimula una visión humilde y precisa del yo. Más bien, mi visión de mí mismo está teñida con dos cosas: argumentos por mi superioridad ("Lo hice por ellos") y las mentiras plausibles que cubren mi pecado ("yo no estaba diciendo chismes; solo pensé que debían saberlo para que pudieran orar por eso"). Es aterrador, pero uno puede cantar gozosamente sobre la gracia los domingos y, aun así, durante la semana, puede estar involucrado en patrones de autoexpiación que hacen que cualquier cosa que uno haga sea aceptable para su consciencia. *¿La superioridad de quién te da valentía y esperanza cuando tratas con tu vida diaria?*

EL REINITO, ESTANDO MÁS DOMINADO POR MI CONVERSACIÓN INTERNA QUE POR LA REVELACIÓN DE DIOS, NO ESTIMULA UNA VISIÓN HUMILDE Y PRECISA DEL YO.

Autosatisfacción. La gran pregunta del reinito es: "¿Estoy satisfecho con mi vida?". Mi papá solía decir: "¡Esto me vuelve loco!". Básicamente estaba diciendo: "No estoy satisfecho, ¡y es mejor que hagas algo al respecto!". Quiero recordarte que todo esto sucede en momentos pequeños en los que vivimos a diario. La gran pregunta del reinito no es: "¿Está mi vida honrando a Dios?". Tampoco es: "Por la gracia de Dios, ¿he vivido a la altura de su propósito y según su diseño?". Y el reinito definitivamente no pregunta: "¿He amado a Dios por encima de todo lo demás y a mi prójimo como a mí mismo?". No, el reinito solamente hace una pregunta: "¿Estoy satisfecho conmigo mismo y con mi vida?". Si estoy satisfecho conmigo, entonces todo está bien el reino unipersonal. *¿A quién buscas satisfacer?*

Autosuficiencia. La cultura del reinito no es una cultura de humilde comunión con Dios y con los demás. En este reino, no me inclino hacia los demás con una percepción de interdependencia espiritual con ellos. Como ves, la pretensión de superioridad siempre lleva a la autosuficiencia. Al grado de que me he haya convencido a mí mismo de que soy justo, me libero de la necesidad de Dios y de los demás. En el reino unipersonal, vivo para mi propio propósito y por mi propia fuerza. El reino unipersonal se trata de ser fuerte y tener el control. El reino unipersonal nunca es un reino de debilidad, necesidad y gracia espiritual. *¿Vives en una humilde comunión diaria con Dios y con los demás, admitiendo tu necesidad y buscando ayuda?*

EL REINO UNIPERSONAL SE TRATA DE SER FUERTE Y TENER EL CONTROL. EL REINO UNIPERSONAL NUNCA ES UN REINO DE DEBILIDAD, NECESIDAD Y GRACIA ESPIRITUAL.

Autogobierno. La mayor ley en el reinito es la ley del yo. Tiene sentido que cuando vivo para mí mismo, me vuelvo una ley sobre mí mismo. Yo invento los estándares por los que me evalúo y juzgo a los demás. La máxima voluntad del reino unilateral es la voluntad del yo. En este reino, lo que he determinado que necesito siempre se volverá el valor moral más alto. Lo que he determinado que necesito siempre se volverá el valor moral más alto. *Yo* determino lo que quiero experimentar. En este reino, me amo a mí mismo y tengo un plan maravilloso para mi vida. *¿Las reglas de quién reciben más atención y la respuesta más rápida en tu vida y en tus relaciones?*

Autoglorificación. La guerra diaria entre estos reinos es una batalla entre glorias que compiten entre sí. ¿Serán nuestros corazones gobernados por las glorias clandestinas de la tierra física o por la única gloria que es digna del título: la gloria de Dios? Como pecadores, somos atraídos hacia la búsqueda de nuestras definiciones personales de la gloria. Muchas veces, bajo la celosía de creencias teológicas y la participación en la vida pública de la iglesia, la gloria verdadera para la que vivimos es la gloria del yo. *¿La GLORIA de quién te motiva a hacer lo que haces y a decir lo que dices?*

PERO ESPERA, ¡HAY UN GUERRERO!

Sí, hay gracia para estas batallas. En la persona y la obra de Jesucristo, Dios ha provisto ampliamente para ti y para mí cuando vivimos con reinos en conflicto. **Su gracia abre de golpe un agujero en tu reino autónomo; y en su amor redentor, Él estira su mano y te saca de allí, una y otra vez.** Pablo lo dice de esta manera: "Porque Él nos libró del dominio de las tinieblas y nos trasladó al reino de Su Hijo amado, en quien tenemos redención: el perdón de los pecados" (Colosenses 1:13-14, NBLA). Sopesemos lo que Dios nos ha dado para la guerra que estamos contemplando.

En la cruz, Cristo rompió el poder del reinito. (Lee Romanos 6:1-14). Como hijos de Dios, ya no vivimos bajo el dominio del reinito. Hemos sido libertados de nuestra prisión a nosotros mismos. Una vez solamente podíamos desear, pensar, hablar y actuar en una manera de enfoque personal, pero ahora la gracia ha roto esa esclavitud y nos ha invitado a una manera de vivir nueva y mejor. Cristo soportó un sufrimiento horrible y la muerte de cruz, no solo para asegurar tu futuro con Él en la eternidad, sino para *libertarte* en el aquí y el ahora a fin de que vivas por algo más trascendente que tu definición actual de la felicidad personal. **La cruz aplastó el poder dominante de las glorias clandestinas de la creación sobre tu corazón y lo libertó para ir tras la gloria trascendente que solamente encontrarás en Él.** Sí, puedes escapar de los límites atrofiantes de tu pequeña civilización y vivir en el gran país celestial de su reino donde tú vives y trabajas cada día.

En la cruz, Cristo pagó por la deuda de cada deseo, pensamiento, palabra o hecho egoísta al cual tú alguna vez te entregarías. Ya no tienes que temer el confesar tu egoísmo. No tienes que encubrir tus pensamientos y motivos. No tienes que tapar tu pecado culpando a los demás o por medio de autoexpiarte con la lógica. No tienes que entregarte a los actos de penitencia (autoexpiación) que te hacen sentir mejor acerca de ti mismo. No tienes que buscar pasajes bíblicos para calmar tu consciencia. No, tu deuda ha sido pagada completamente. Tu castigo lo ha llevado Otra persona. Hay Uno que ha tomado tu lugar y ha sido condenado a cambio de ti. Pablo dice: "Habiéndonos perdonado todos los delitos, habiendo cancelado el documento de deuda que consistía en decretos contra nosotros y que nos era adverso, y lo ha quitado de en medio, clavándolo en la cruz" (Colosenses 2:13b-14). Como hijo de Dios, has sido perdonado por todo acto de independencia y rebeldía centradas en ti. Has sido librado de la deuda de cada uno de tus fracasos para amar a Dios por encima de todo y a tu prójimo como a ti mismo. Ya no necesitas vivir escondiéndote. La gracia perdonadora te invita a salir de las tinieblas para quitar de tus hombros la carga de negación, culpabilidad, temor y vergüenza. Has sido invitado a confesar y a recibir el perdón que te pertenece.

LA GRACIA PERDONADORA TE INVITA A SALIR DE LAS TINIEBLAS PARA QUITAR DE TUS HOMBROS LA CARGA DE NEGACIÓN, CULPABILIDAD, TEMOR Y VERGÜENZA.

En la cruz, Cristo compró el poder para que tú tengas la capacidad de obedecer. Aunque el *poder* del reinito sobre tu corazón se ha roto, la *presencia* de los pensamientos y deseos del reinito todavía permanece. Así que la cruz ha comprado poder diario para ti. Pablo dice: "De esa manera, desarmó a los gobernantes y a las autoridades espirituales. Los avergonzó públicamente con su victoria sobre ellos en la cruz" (Colosenses 2:15, NTV). Tú puedes ponerte firme y decir: "¡No!, a la agenda del enfoque en ti mismo del reinito. En ese momento, no te has quedado a merced de tus propias fuerzas; no importa si ha sido en el trabajo, o en la sala de tu casa, cuando hables con el vecino, en la cena con tus amigos, en una situación de disciplina paterna o en una discusión con tu cónyuge. ¡Has recibido poder más allá de lo que te puedas imaginar! Escucha lo que Pablo les dice a los cristianos efesios que están luchando: "Y a Aquel que es poderoso para hacer todo mucho más abundantemente de lo que pedimos o entendemos, según el poder que obra *en* nosotros (Efesios 3:20, énfasis del autor). Uno de los resultados de la cruz de Jesucristo es el regalo del Espíritu Santo. Piénsalo. Dios en su maravilloso poder y gloria ha venido a vivir dentro de ti. Debido a esto, tú puedes ser quien Él te llamó a ser y hacer lo que Él te llamó a hacer, incluso frente a las tentaciones poderosas que encuentras en este mundo caído. Y su poder no tiene límite, así que tú no solo tienes el potencial de vivir para su gran reino una vez, sino que una y otra vez. Su presencia en tu corazón garantiza tu potencial para perdurar.

La cruz de Cristo garantiza que un día tu conflicto de reinos terminará. Viene un tiempo de paz, y ¡durará para siempre! Llegará el día cuando el enemigo malvado y engañoso ya no te timará ni te tentará. Llegará el día cuando tu vida ya no esté en un campo de batalla. Llegará el día cuando ya no tengas que confesar tu fracaso o suplicar por ayuda. Llegará el día en que ya no tendrás que examinar cada pensamiento ni evaluar cada motivo. Un día, el reinito será final y permanentemente aplastado, nunca volverá a levantarse. En ese día, un deseo gozoso y satisfecho por la gloria de Dios gobernará el corazón de cada uno de nosotros. **La gran guerra de las guerras —ese gran conflicto de reinos que se ha desarrollado en el corazón de cada persona que haya existido— un día habrá terminado. ¡El reino de Dios vencerá! ¡El Rey de reyes gobernará! ¡La paz llegará!**

Hasta entonces, la batalla de los reinos continúa. Esta batalla no podría ser más práctica en cuanto a su enfoque. Dios no podría amarnos y dejarnos en nuestra pequeña civilización del yo, porque cuando el yo está en el centro, Dios ya no ocupa la plataforma central. Tal como lo dice David Henderson:

> Debido a que Dios ya no ocupa la plataforma central, los términos como: amarse a sí mismo, expresión personal, autosuficiencia y autorrealización, ninguno de los cuales adorna las páginas de las Escrituras, empieza a dominar la conversación de la iglesia. Mientras tanto, otras palabras relacionadas con el "yo" provenientes directamente de la Biblia como: autorrendirse, autosacrificarse, negarse a sí mismo y autocontrol caen en desuso. El "yo", muy grande y justo en el medio, apelmaza las nociones de un Dios santo, un yo caído, un don

> inmerecido de la gracia en Jesucristo y el llamado divino sobre toda la vida de uno. Cuando esto sucede, quizá estemos predicando, tal vez estemos compartiendo la fe, pero lo que estamos comunicando (o, tal como lo añadiría este autor, lo que estamos viviendo) no es un cristianismo genuino. En el cristianismo, el único lugar donde el "yo" no puede estar es en el centro. Ese es el lugar únicamente de Dios por derecho.[2]

Así que tu Señor lucha por ti, y Él nunca descansará hasta que la batalla termine. ¿Por qué no te comprometes en este momento a ser uno de sus soldados? Empieza por buscar la civilización del yo en tu propia vida. Hazte la pregunta al final de cada característica del reinito que mencionamos anteriormente. Ratifica tu perdón al salir del escondite y confesar tus faltas. Luego, confirma tu identidad como el templo donde habita el Espíritu, y da valientemente un paso adelante para vivir en una nueva manera. **Puedes disfrutar el aire fresco de gracias y las vistas de gloria trascendente que son tuyas para experimentarlas en el reino de Dios.** Si tú eres su hijo, su cruz te ha hecho un ciudadano de esta civilización de gloria y gracia. ¿Por qué habrías de regresar a tu propio reinito?

LA PREGUNTA FINAL: ¿DE QUÉ FORMAS TRATAS DE HACER QUE QUIENES TE RODEAN OBSERVEN LAS REGLAS DE TU REINO DEL YO?

¿QUÉ MÁSCARA USA TU REINO?

6

EL REINO DEL DISFRAZ

Mas.ca.ra.da: Fingir ser alguien o algo que no eres

EN RESUMEN: LO MÁS PELIGROS SOBRE EL REINO DEL YO ES CUÁN FÁCILMENTE SE DISFRAZA COMO EL REINO DE DIOS.

Siempre era uno de los momentos más dramáticos en este bien conocido programa del agente secreto. Aunque los espectadores no lo sabían, uno de los agentes de *Misión Imposible* había hecho una máscara de látex que tenía el propósito de hacer que el enemigo lo viera como alguien conocido y que no representaba peligro. La máscara era tan flexible y parecía tan real que tomaba la apariencia de la piel humana. En un momento crucial, el agente del gobierno arrancaba la "piel" de su rostro y revelaba su verdadera identidad ante los malvados hombres internacionales que estaban a punto de ser vencidos. Cuando era niño, me encantaba ver esos momentos. Yo soñaba con crecer y ser el agente de la máscara de látex. Imaginaba cómo sería arrancármela de mi rostro para sorprender a los malos que estaban maquinando perversidades. Yo imaginaba que la mayor parte del trabajo de un agente secreto se hacía disfrazado y que muchos de nuestros espías tenían a su disposición una colección de las máscaras de látex adecuadas. Quería realmente ser parte de este reino de disfraces patrocinado por el gobierno. Y quería ser el rey del disfraz.

Como pecador, sigo procurando ser el monarca del reino del disfraz. Como ves, el problema con el reinito (la civilización del yo) es que se disfraza y se pone la máscara del gran reino (el reino de Dios). Se pone la máscara de cosas que son correctas y buenas, mientras captura el corazón para la gloria del yo. **Las clases más peligrosas del enfoque en sí mismo son aquellas que toman la forma de lo bueno del reino de Dios.** La teóloga indú Vinoth Ramachandra lo describe así:

> Las Buenas Nuevas están empacadas y son mercadeadas (usando, sin reservas, todas las técnicas de la publicidad moderna) como un producto religioso: ofreciendo "paz mental", "cómo llegar al cielo", "salud y prosperidad", "sanidad interior", "la respuesta a todos sus problemas", etc. Lo que se promueve como "fe en Dios" muchas veces resulta ser un medio para obtener seguridad emocional o bendiciones materiales en esta vida y una póliza de seguro en la próxima. Este tipo de prédica deja un *status quo* sin tocar. No hace que surjan las preguntas fundamentales y alarmantes respecto a las suposiciones sobre las que la gente construye su vida. No amenaza a los dioses falsos en cuyo nombre se ha tomado el poder de la creación de Dios; sin duda, en realidad refuerza su poder sobre sus adoradores. Este tipo de "evangelio" es esencialmente escapista, el descendiente directo de los falsos evangelios de los falsos profetas del Antiguo Testamento. Es sencillamente una imagen religiosa de la cultura consumista secular en la cual viven los hombres y las mujeres modernas.[3]

Hay muchas advertencias en la Biblia sobre el disfraz del reino del yo. Cristo hace esta advertencia en el Sermón del Monte: "Cuídense de los falsos profetas, que vienen a ustedes con vestidos de ovejas, pero por dentro son lobos rapaces" (Mateo 7:15, NBLA). Pablo les escribe a los cristianos en Corinto: "Porque los tales son falsos apóstoles, obreros fraudulentos, que se disfrazan como apóstoles de Cristo.

Y no es de extrañar, pues aun Satanás se disfraza como ángel de luz. Por tanto, no es de sorprender que sus servidores también se disfracen como servidores de justicia, cuyo fin será conforme a sus obras" (2 Corintios 11:13-15, NBLA). En Filipenses 1:15-16, Pablo habla de la gente que hasta predica el evangelio para sus propios fines egoístas. En Gálatas, Pablo advierte en contra de un evangelio falso que se disfraza del evangelio verdadero. Observa el lenguaje fuerte: "Me maravillo de que tan pronto ustedes hayan abandonado a Aquel que los llamó por la gracia de Cristo, para seguir un evangelio diferente, que en realidad no es otro evangelio, sino que hay algunos que los perturban a ustedes y quieren pervertir el evangelio de Cristo". Y luego, solo en caso de que su advertencia no haya sido lo suficientemente fuerte, dice: "Pero si aun nosotros, o un ángel del cielo, les anunciara otro evangelio contrario al que les hemos anunciado, sea anatema". (Gálatas 1:6-8).

ES MUY PROBABLE QUE ESTÉS CONVENCIDO DE QUE ESTÁS VIVIENDO PARA LAS GLORIAS TRASCENDENTES DEL REINO DE DIOS CUANDO, EN REALIDAD, ESTÁS VIVIENDO PARA TI MISMO.

¿Por qué está Pablo tan preocupado? Porque el reino del yo es más peligroso cuando asume los contornos del reino de Dios. Es muy probable que estés convencido de que estás viviendo para las glorias trascendentes del reino de Dios cuando, en realidad, estás viviendo para ti mismo. ¡Date por advertido! ¡Ten temor! El reinito es un reino disfrazado, y es promovido de manera deshonesta por un rey del disfraz: Satanás mismo. El reinito se pondrá con mucha regularidad las máscaras de látex de la externa participación en la adoración, la obediencia y el ministerio. Parecerá como si estuviera sirviendo al Rey de reyes y al Señor de señores, cuando en realidad está inclinándose diariamente ante el trono del yo. Impulsado por los tesoros terrenales y las necesidades basadas en la ansiedad, su adoración solamente puede ser la adoración de sí mismo. Tal como lo dice Ramachandra:

> Este tipo de religión, ya sea cristiana o en otras formas, es *idolatría* según la definición bíblica. Pues en el centro de la idolatría está la intención de manipular a "Dios" o al invisible "mundo espiritual" a fin de obtener la seguridad y el bienestar de uno mismo y de un "grupo" (ya sea la familia, la corporación de negocios, la comunidad étnica o el estado-nación). Por el contrario, la fe bíblica es el abandono radical de todo nuestro ser en amor y confianza agradecida al Dios presentado en la vida, muerte y resurrección de Jesucristo: para que nos volvamos agentes dispuestos en una confrontación costosa contra cada forma del mal y del sufrimiento injusto en el mundo. Esta fe nos involucra en aceptar el dolor y la confusión de los demás, y en estar dispuestos a vivir nosotros mismos en incertidumbre mientras avanzamos a un futuro que *ya está activo entre nosotros*.[4]

Es muy importante notar que los ídolos más peligrosos para todos nosotros son aquellos que son fácilmente cristianizados. El egoísmo es más peligroso cuando se disfraza como servicio. El enfoque en sí mismo es más poderoso cuando se pone el disfraz de amor. Los tesoros terrenales son más seductores cuando toman la apariencia de necesidad espiritual. Los ídolos hacen el trabajo más sucio cuando portan la máscara de látex de Dios. Debido a que el reinito es un reino de disfraces, representa un peligro cercano y presente para todo aquel que se haya comprometido al reino de Dios.

EL FRUTO DEL REINO DEL DISFRAZ

Si analizas a la iglesia de Jesucristo en nuestro tiempo, la localidad visible del gran reino, no tardarás en ver el fruto del reinito. Piénsalo de esta manera. Supongamos que me he comprometido a llevar una dieta saludable, y estoy siguiendo las reglas al menos externamente. Sin embargo, al mismo tiempo, estoy llevando a escondidas una gran cantidad de galletas con chispas de chocolate. Con seguridad, dos cosas resultarán de este comportamiento. Primero, las galletas en el recipiente empezarán a desaparecer misteriosamente. Segundo, voy a subir de peso en vez de bajar. Ahora, es muy obvio que ninguno de estos resultados es el fruto de una dieta saludable, lo cual señala el hecho de que lo que se ha disfrazado como dieta no es una dieta en lo absoluto, sino una manera aún más engañosa de comer de más.

SI BUSCAS EN TU VIDA Y EN LA DE OTROS CRISTIANOS, VERÁS FRUTO QUE NO ES EL RESULTADO DE UN COMPROMISO ALEGRE A LAS GLORIAS TRASCENDENTES DEL REINO DE DIOS.

Si buscas en tu vida y en la de otros cristianos, verás fruto que no es el resultado de un compromiso alegre a las glorias trascendentes del reino de Dios. En cambio, estas cosas son el fruto de servir al yo, mientras lo disfrazamos como vivir para el Rey. El fruto malo resulta porque "menos" se ha puesto el disfraz de "más". De manera muy aparente, las glorias trascendentes del reino de Dios se han encogido al tamaño de mis tesoros terrenales y mis necesidades basadas en la ansiedad. No es el fruto de recordar al Padre y ser liberado para entregarme a su reino. No, es el fruto de olvidar al Padre y asegurarse de que yo obtenga realmente lo que me he dicho a mí mismo que necesito. Y recuerda, todo esto sucede en la forma de adoración, obediencia y ministerio.

Pensemos en tres cosas que son el fruto del reino del yo ocultándose en el reino de Dios.

La carencia de emoción y entusiasmo en el evangelio. ¡Es increíble cuán casuales podemos ser en lo que respecta a la gloria del evangelio! Seguramente algo de esto es el resultado de la familiaridad, pero cuando examino mi propia vida y paso tiempo con otras personas, estoy convencido de que aquí está operando algo más profundo. **Cuando el evangelio (ser invitado a la presencia de Dios y vivir para su gloria) ya no es el objetivo, sino un medio para un objetivo, entonces mi entusiasmo no será para el evangelio, sino para las "cosas" que creo que eso me dará.** Entonces, por ejemplo, yo puedo estar agradecido por el evangelio, pero lo que realmente me emociona es la esperanza de que mi relación con Dios me dé lo que yo realmente quiero, como el matrimonio de mis sueños.

Como cristiano recién convertido, Drew parecía tener un amor insaciable por las cosas del Señor. Los estudios bíblicos que encontraba parecían no ser tantos como él quería. Leyó todos los libros cristianos que pudo conseguir. Tomaba muchísimas notas durante cada sermón. Su presencia parecía abrir y cerrar casi cada reunión de su iglesia. Ahora, cinco años después, Drew parece ser un hombre distinto. El cuaderno de sermones ya no lo acompaña a los servicios de adoración. Raras veces asiste a las reuniones de su grupo de estudio bíblico, y apenas logra levantarse a tiempo para tener un breve momento personal de adoración antes de empezar su día.

¿Qué le pasó a Drew? Lo mismo que les sucede a muchos creyentes. Drew vino a Cristo como un joven solitario. Aunque él no lo sabía, su entusiasmo por el evangelio no se trataba de la gracia y la gloria de Cristo. No, Drew había encontrado en la iglesia el círculo de amigos que siempre había anhelado tener. En la iglesia, había encontrado una familia. Y aunque todo eso es muy bueno, el problema espiritual era que el objetivo (una relación de amor con Cristo) se había vuelto funcionalmente el medio para otro fin (aceptación con una familia). Las glorias del gran reino fueron una forma para experimentar los tesoros del reinito.

Y estas relaciones con pecadores comprobaron ser defectuosas, ya que ellos siempre estarán de este lado del cielo. Con el tiempo, la creciente falta de entusiasmo de Drew por el evangelio reveló que su emoción acerca de su fe recién hallada era simplemente el reino del yo disfrazado del reino de Dios.

Decepcionarse de Dios y del cristianismo. En casi treinta años de consejería, no puedo decirte cuántos creyentes he encontrado que estaban o decepcionados de Dios o desilusionados del cristianismo. Me he esforzado durante años para escuchar cuidadosa y pacientemente sus historias. Y, aunque cada historia es única y diferente, ha habido un tema que para por todas ellas. Su decepción de Dios o del cristianismo no es que Dios haya fallado en su fidelidad o en su amor o que las enseñanzas de la Escritura no hayan demostrado ser verdaderas. No, están decepcionados porque pensaron que el amor de Dios y los principios de la Escritura resultarían en ciertas cosas en su vida. Cuando estas cosas no se materializaron, era difícil no decepcionarse.

Marilyn lo expresó muy claramente cuando, después de divorciarse de su esposo falto de arrepentimiento, dijo: "Francamente, Paul, cuando me convertí a Cristo, esto no era lo que esperaba". Los salmos están en la Biblia para confrontar a la Marilyn en todos nosotros. En los salmos, la vida de fe no es idílica, linda o fácil. Es un caminar con Dios marcado por la angustia, el temor y el dolor. Los salmos esbozan una vida donde las oraciones parecen quedar sin respuesta, donde Dios parece distante y donde el mal parece ganar. Los salmos nos invitan a una fe donde la agenda de Dios es más importante que la nuestra y donde se nos pide poner en práctica nuestra fe en el contexto de un mundo desastrosamente roto. Pero esto también es precisamente donde experimentamos los gozos personales más altos, cuando ponemos nuestra esperanza en el pacto de amor por el Señor y hacemos de nuestra búsqueda de su gloria el objetivo de nuestra vida.

LOS SALMOS NOS INVITAN A UNA FE DONDE LA AGENDA DE DIOS ES MÁS IMPORTANTE QUE LA NUESTRA Y DONDE SE NOS PIDE PONER EN PRÁCTICA NUESTRA FE EN EL CONTEXTO DE UN MUNDO DESASTROSAMENTE ROTO.

Tendremos la tendencia de asumir la imagen de los tesoros de nuestro reinito. Escucha las palabras del Salmo 115:1-8.

> No a nosotros, Señor, no a nosotros,
> Sino a Tu nombre da gloria,
> Por Tu misericordia, por Tu fidelidad.
> ¿Por qué han de decir las naciones:
> "¿Dónde está ahora su Dios?".
> Nuestro Dios está en los cielos;

Él hace lo que le place.
Los ídolos de ellos son plata y oro,
Obra de manos de hombre.
Tienen boca, y no hablan;
Tienen ojos, y no ven;
Tienen oídos, y no oyen;
Tienen nariz, y no huelen;
Tienen manos, y no tocan;
Tienen pies, y no caminan;
No emiten sonido alguno con su garganta.
Se volverán como ellos los que los hacen,
Y todos los que en ellos confían.

El salmo 115 enseña muchas cosas, pero una de las más importantes es este principio: *tú llegas a ser como el tesoro que buscas.* Es un principio elocuente y preciso. Cuando vivo por lo material, poco a poco me vuelvo una persona materialista. Las cosas empiezan a importarme más que las personas, convirtiéndome de este modo a semejanza de las cosas que anhelo. Similarmente, la persona que vive para el tesoro de control del reinito, se volverá inevitablemente una persona controladora, obsesionada por el poder. Alguien que obtiene su identidad y significado de las relaciones llegará a ser motivado por lo que la gente piensa de él, viviendo en un interminable temor del hombre.

En vez de desarrollar los rasgos del carácter cristiano, los cuales son el resultado de la búsqueda y la valoración de Cristo, yo asumiré las cualidades de mi reemplazo de Cristo. Esta es la razón por la que muchas personas en nuestras iglesias no están creciendo a la semejanza de Cristo. Al grado en que Jesús no sea el tesoro que busco, yo no estaré asumiendo progresivamente su semejanza. Sino que, **empezaré a verme más y más como el tesoro del reino del yo que es por el cual estoy viviendo realmente.**

Fue, por mucho, la celebración más decepcionante de mi niñez. A todos nos dijeron que habría premios para el mejor disfraz de la noche. Mi papá era bastante creativo en lo que se refiere a los disfraces, y mi mamá era una buena costurera. Como resultado, me ayudaron a crear un disfraz espectacular. Con gran emoción, fui a la fiesta vestido muy convincentemente como una anciana. Lo que no supe, hasta que llegué a la fiesta, era que a uno no se le permitía quitarse la máscara hasta que alguien hubiera descubierto quién era uno en realidad. Bueno, mi disfraz estaba tan bien hecho que ocultó completamente mi verdadera identidad. ¡Nadie pudo descubrir quién era yo! Pero conforme pasaba la noche, se volvió muy claro que los niños que habían sido descubiertos y que habían tenido que quitarse sus disfraces eran los únicos que se estaban divirtiendo. Pasé la noche sentado en una silla, viendo la diversión, hasta que finalmente, por el proceso de eliminación, alguien descubrió quien era yo.

QUITARSE LA MÁSCARA

Estas tres cosas —la falta de emoción con el evangelio, decepcionarse de Dios y del cristianismo, y asumir los rasgos de mi tesoro en vez del carácter de Cristo— pueden romper la máscara del reino del disfraz en tu vida. ¿Podría ser que has encogido el reino de Dios al tamaño de los tesoros de tu reinito? ¿Podría ser que tu emoción por las cosas del Señor no se trate realmente del Señor en sí? ¿Podría ser que la gloria trascendente de Dios y su reino se han vuelto para ti más el medio para un fin en lugar del objetivo en sí?

Lo aterrador acerca del reino del yo es que es un reino de disfraces. Asume muy rápidamente la forma y apariencia del reino de Dios. Es muy fácil pensar que estamos viviendo para Dios, mientras que nuestra agenda personal aún gobierna nuestro corazón, moldea nuestras decisiones, palabras y acciones. Es muy fácil pensar que estamos viviendo por los gozos trascendentes de una íntima comunión con Dios, impulsada por un entusiasmo personal por su gloria, cuando de hecho hemos puesto nuestra esperanza en las glorias sombrías de este mundo creado. Es muy fácil pensar que hemos salido de los límites estrechos de nuestro reinito para inhalar espiritualmente el aire vigorizante del reino de Dios, cuando en realidad estamos más atrapados que nunca en nuestros cubículos. Es muy fácil que nuestros tesoros terrenales y necesidades basadas en la ansiedad se disfracen como el amor por Cristo y el entusiasmo por su obra sobre la tierra. Es muy fácil encoger el tamaño de tu vida al tamaño de tu vida y no saberlo, porque el reinito del yo ha sido un reino de disfraces desde el momento del desengaño fatal en el jardín del Edén.

EL REINO DEL DISFRAZ Y EL ÚNICO REY VERDADERO

Sé sincero contigo mismo. ¿Qué *es* lo que buscas? ¿Para qué *vives*? ¿Hay un lugar en tu vida donde los propósitos del reinito se han estado disfrazando como el reino de Dios? ¿Tu vida con Dios se ha encogido al tamaño de "yo y mío"? ¿Qué es lo que realmente te emociona en tu vida en este momento? ¿Qué cosas encuentras satisfactorias y gratificantes? ¿Qué se ha convertido en tu tesoro, y cómo defines tus necesidades? ¿Hay un lugar donde el egoísmo use la máscara de látex de la devoción? ¿Está tu reinito tan bien disfrazado que nadie de los que te rodean podrían alguna vez reconocerlo por lo que es en realidad? ¿Qué reino posee tu corazón donde vives y trabajas cada día?

Mientras te haces estas preguntas, recuerda que en un día de reposo (Sabat) hace mucho tiempo, tu Redentor se puso de pie en la sinagoga y citó estas palabras del libro de Isaías, aplicándolas a sí mismo.

> "El Espíritu del Señor está sobre Mí, porque me ha ungido para anunciar el evangelio a los pobres. Me ha enviado para proclamar libertad a los cautivos, y la recuperación de la vista a los ciegos; para poner en libertad a los oprimidos; para proclamar el año favorable del Señor".
>
> —LUCAS 4:18-19, NBLA

No estás solo en esta batalla para desenmascarar y desmantelar el reinito en tu vida. ¡Emociónate! Tu Mesías te da justo lo que necesitas para esta batalla. El reinito te deja en la pobreza, así que Él te ofrece las buenas nuevas de las riquezas eternas de su gracia. El reinito de esclaviza, así que Él soportó la cruz para libertarte. El reinito te deja ciego, así que Él pone sus manos de gracia sobre ti para devolverte la vista. El reinito te ha dejado oprimido, así que Él compró tu liberación. En tu Señor encontrarás todos los recursos que necesitas para vivir con sabiduría y libertad mientras internalizas el gran aire celestial de su reino glorioso.

Tu esperanza y la mía no se encuentra en otro reino. Lo que todos necesitamos desesperadamente es un Rey que nos libere de los reinos que construimos nosotros mismos. El Rey ha venido por ti y por mí, y Emmanuel, el Señor *Jesucristo*, es su nombre. ¡Búscalo! ¡Hay ayuda para ser hallado!

LA PREGUNTA FINAL: EN TU VIDA DIARIA, EN ESTE MOMENTO, ¿DÓNDE TE ESTÁS DICIENDO QUE ESTÁS VIVIENDO PARA DIOS CUANDO REALMENTE VIVES PARA TI MISMO?

¿HAS ENCOGIDO TU VIDA
AL TAMAÑO DE TU VIDA?

7

LA DINÁMICA DEL ENCOGIMIENTO

di.ná.mi.ca: Un sistema o proceso interactivo que se caracteriza por la acción o por el impacto

EN RESUMEN: EL PECADO HACE QUE TODOS NOSOTROS ENCOJAMOS EL TAMAÑO DE NUESTRA VIDA AL TAMAÑO DE NUESTRA VIDA.

A menos que seas un extraterrestre, probablemente te has frustrado por eso. Fue creado por el científico francés Henri DePoix para preservar la carne de los soldados durante la Primera Guerra Mundial. Es sencillamente un plástico al que le han estirado las moléculas bajo altas temperaturas y luego lo enfriaron. La carne de los soldados se preservó, así que hemos ido encontrándole nuevos usos desde entonces. Es casi imposible destapar el juguete nuevo de tu hijo o un disco compacto que estás impaciente por escuchar o la navaja que acabas de comprar en la ferretería. Lo usamos para proteger libros antiguos y el *ski* acuático cuando no es temporada de usarlo. Tú lo conoces bien, porque lo has encontrado muchas veces. Se llama "empaque termoencogible".

Lo maravilloso del termoencogible es que lo hace siempre y sin fallar. Es uno de los productos más exitosos y predecibles que se hayan inventado. Siempre se encogerá al tamaño exacto de lo que sea que envuelvas con él. Ya sea un pedazo de carne seca o el premio que papá se sacó en la pesca, siempre se encoje al contorno de la cosa que está adentro y siempre es difícil de quitar. Henri DePoix no tenía idea alguna de la manera en que aquello que le encargaron para evitar que los soldados se intoxicaran con la comida, cambiaría la vida de cada consumidor moderno.

El efecto del pecado es muy similar al invento de DePoix; sin embargo, su influencia abarca mucho más. El pecado provoca cambios fundamentales en las "moléculas" de mi corazón. El cual ya no es dirigido por un amor por Dios profundamente cimentado. Mi corazón ya no está motivado por un interés genuino por los demás. Ya no tengo en mí un sentido de responsabilidad por el mundo creado que me rodea. Cada decisión que tomo ya no está moldeada por un sentido claro de lo que es moralmente correcto o incorrecto. Todo lo que hago ya no está moldeado por una adoración gozosa y agradecida. El ADN del pecado es el egoísmo, y este encoge el tamaño de mi universo al tamaño unipersonal. El pecado crea la máxima *dinámica de encogimiento.* Esto hace que todos nosotros, de alguna manera, encojamos el tamaño de nuestra vida al tamaño de nuestra vida. El pecado encoje mi motivación, celo, deseo, interés y preocupación por los contornos de mi vida. En el reino encogido del yo, no hay lugar funcional para Dios ni para los demás. Es humillante, pero esencial espiritualmente, admitir que el pecado nos ha empacado a todos nosotros en con un termoencogible.

Puedes verlo en un bebé que se pone rígido en su cuna porque está enojado, a causa de que su madre ha tenido la audacia de dejarlo solo en el cuarto. Lo ves en las peleas sin fin de los niños pequeños sobre quién tuvo primero el juguete o quién le pegó a quién primero. Lo ves en la repetición constante de las quejas de los adolescentes egocéntricos. Lo ves en las dificultades de los primeros años del matrimonio cuando los recién casados están impactados por lo que se requiere para vivir en una relación de amor con otro ser humano. Lo ves en lo mucho que se le dificulta estar unidas a las personas de la iglesia. Lo ves en los conductores que se disputan un lugar en el estacionamiento. Lo ves en un millón de momentos de la codicia y la envidia humana. Lo ves en las familias rotas y en las ciudades dominadas por el crimen. Lo ves en las quejas amargas de un anciano cuando su vida va decayendo. El pecado atrofia nuestros intereses y lo que nos importa. Sin importar de qué manera lo disfraces, las noticias no son realmente buenas: el pecado nos deja interesándonos por poco más que nosotros mismos. Es una condición en la que, sencillamente, no fuimos diseñados para vivir.

Ya que la Biblia registra el daño del pecado y la necesidad de redención, está *dinámica de encogimiento* está ilustrada a través de la historia bíblica. Piénsalo. Adán y Eva encogieron el tamaño su vida al tamaño de su deseo por ser igual a Dios. Caín encogió el tamaño al tamaño de su deseo de poseer lo que Abel tenía. Jacobo encogió el tamaño de su vida al tamaño de su búsqueda por la herencia de Esaú. En el desierto, los hijos de Israel encogieron el tamaño de su vida al tamaño de su deseo por una alimentación mejor (que el maná). Acán encogió el tamaño de su vida al tamaño de su deseo intenso por el botín palestino. El rey Saúl encogió el tamaño de su vida al tamaño su deseo por el botín de guerra de la derrota de los amalequitas. Jonás encogió el tamaño de su vida al tamaño de su propia definición de justicia. Los fariseos encogieron el tamaño de su vida al tamaño de su propia justificación. Pedro encogió el tamaño de su vida al tamaño de su temor a los demás. Judas encogió el tamaño de su vida al tamaño de treinta piezas de plata. Estas son solo unas cuantas de las historias bíblicas que registra cómo el pecado encoje nuestro corazón para que poco nos importe más que nosotros mismos.

MODELOS ROTOS, DESEOS EGOÍSTAS

Fue uno de los peores momentos de mi infancia. Mi hermano Tedd tenía en su habitación una colección de carros de modelos prestigiosos exhibida cuidadosamente en estanterías. Las había armado y pintado él mimos, y estaba muy orgulloso de su obra. Por alguna razón que no recuerdo, Tedd me hizo enojar. Él cometió el error de romper mi ley, así que en un arranque de cólera, lo golpeé donde sabía que más le dolería. Entré corriendo a su habitación, me quité un zapato y rompí a golpes su colección. Yo sabía lo que estaba haciendo, y me sentía muy bien con eso. Bueno, me sentía bien hasta que mi mamá descubrió lo que yo había hecho.

Este momento triste en la vida de un niño es la imagen de todo pecador. Todos queremos ser aceptados, servidos y valorados por las personas y las circunstancias que nos rodean. Cuando eso no sucede, nuestras reacciones varían de una irritación leve a una ira violenta. Las parejas casadas se critican mutuamente, no porque su cónyuge haya roto las leyes de Dios, sino porque rompió las suyas. Los padres se enojan con sus hijos, no porque son pecadores, sino porque en su pecado arruinan lo que sus padres anhelaban. Los vecinos rompen las relaciones entre sí porque no les gusta la manera en que están siendo tratados o la forma en que el vecino mantiene su jardín. Los hombres de negocios trabajan muy duro y durante mucho tiempo porque ellos nunca pueden estar satisfechos y conformes. La gente entra y sale de las iglesias como si fueran centros comerciales porque no sentían estar recibiendo lo que necesitaban. Los hermanos pelean por el último poco de cereal en la caja, por quién se queda con el control remoto del televisor, por dónde les toca sentarse en el vehículo por quién se baña primero. Las personas en las fiestas rivalizan por ser el centro de atención. Un hombre destruirá un buen matrimonio por unos pocos momentos de placer erótico, y un adolescente venderá su alma por la aceptación de sus compañeros.

TODOS QUEREMOS SER ACEPTADOS, SERVIDOS Y VALORADOS POR LAS PERSONAS Y LAS CIRCUNSTANCIAS QUE NOS RODEAN.

La gente vive con una carga crediticia que no puede soportar porque se ha convencido de que necesita tener más de lo necesario. Creemos que nuestra casa no es lo suficientemente grande, que no hay suficiente ropa en nuestro armario y que no tenemos suficiente dinero en nuestros bolsillos. Comemos mucho más de lo que necesitamos y hablamos de estar hambrientos cuando en realidad casi nunca experimentamos lo que eso significa en verdad. Constantemente pensamos en términos de "yo y mío", "más grande y mejor" y "ahora, no después". Nos molesta cuando alguien está en el baño que queremos usar, cuando nos piden hacer algo que no teníamos planeado o cuando nos piden que prescindamos de algo. Pensamos que recibir es una bendición más grande que dar. Nos encanta poder probar que tenemos razón y que los demás están equivocados. Soñamos sobre cómo sería nuestra vida si tuviéramos el control. Muchas veces estamos ciegos ante las oportunidades para amar, mientras que somos muy hábiles para recordar la ofensa que nos hicieron.

Por donde quiera que veas lo encuentras. Es imposible escapar de las implicaciones. Nos dificulta vivir los unos con los otros y es casi imposible estar conformes entre nosotros. El centro fundamental del pecado es el egoísmo. Es un universo solitario entregado a sí mismo. El pecado es en realidad el máximo termoencogible. Encoje el tamaño de lo que te importa e interesa al contorno de tu vida. Desde el niñito enojado que rompe los modelos de los carros de su hermano hasta la esposa amargada porque nunca tuvo el matrimonio de sus sueños, el pecado hace algo trágico. Nos vuelve en contra de nosotros mismos. Detente, observa y escucha, y verás la tendencia en ti y en lo que te rodea.

LOS ENORMES CONTORNOS DE DIOS

Lo atroz de todo esto es que cuando estoy conforme de vivir en mi reinito unipersonal, a Dios es a quien se le empuja a salir. Él no se encogerá al tamaño de mi reino solitario. Él no puede abandonar su única gloria ni negar su plan soberano. Él seguirá siendo Dios, y no será ninguna otra cosa. El reino que debe capturarnos y motivarnos no está diseñado para ser más pequeño que el tamaño de su grandeza. Yo no fui diseñado para encoger el tamaño de mi vida a un tamaño más pequeño que los contornos de su gloria. No fui creado para establecer mi propio reino, sino para entregarme en devoción sacrificial e incondicional al de Él.

En el Salmo 145, el salmista captura la grandeza de este tipo de vida con una frase pintoresca. Él dice que la grandeza de Dios nadie la puede sondear. Sondear es medir la profundidad del agua. Cuando algo es insondable, significa que es tan grande que no puede ser medido. No tiene fondo. El salmista está básicamente diciendo que si tú alineas a cada ser humano que haya vivido, y si cada uno de ellos excava en la grandeza de Dios, uno tras otro ¡aun así no lograrían llegar al fondo de ella! Su gloria es sencillamente así de profunda. Se suponía que el tamaño de mi vida estuviera conectado con la profundidad de su grandeza. La insondable grandeza de Dios *es* lo más para lo que fui diseñado.

Cuando yo expando mi vida dentro de la enorme tienda de su gloria, de inmediato hay lugar para otras personas en mi vida. La comunidad con Él resulta en una comunidad significativa con los demás. Piénsalo. El pecado es funcionalmente ateísta y antisocial. Debido a que reduce mi enfoque hasta centrarse solo en mí, me impide ver tanto a Dios como a los demás. Y, como pecador, podría participar en una religión formal y dirigir relaciones con otros, pero solamente al grado en que ellos sirvan para los propósitos de mi reino solitario. Cuando hago esto, en mi plan de vida no hay un espacio real para adorar a Dios y amar a los demás. La adoración y el amor, donde sea que existan en mi vida, se encogen al tamaño de lo que yo pienso que necesito y lo que he decidido que quiero. Cualquier religión o comunidad que exista en mi vida, a lo que realmente estoy adorando es a mí. Así que cantaré alabanzas a la fidelidad de Dios los domingos, pero cuestiono su bondad el martes cuando Él no me da lo que yo pienso que necesito. Diré "te amo" un día, pero te atacaré con enojo en otro, porque de alguna manera has estorbado mi plan. Lo que parece una vida perfilada por Dios es muchas veces, al examinarla de cerca, una existencia envuelta con termoencogible.

Sin embargo, nunca fue diseñada de esta manera. Desde el primer momento de la creación de Adán y de Eva, la gente fue diseñada para vivir dentro de los enormes contornos de la gloria de Dios. No fuimos diseñados para conformarnos con la supervivencia personal, la felicidad temporal o el éxito individual. Fuimos creados para encontrar nuestro significado, identidad y propósito en la existencia, el carácter y el plan de Dios. Nuestra identidad estaba predestinada para arraigarse en el amor de Dios. Nuestra esperanza fue diseñada para estar ligada a su gracia. Nuestro potencial estaba destinado a conectarse a su poder. Nuestro propósito estaba destinado a que su voluntad lo estructurara. Nuestro gozo estaba predestinado a desposarse con su gloria. En todas las formas, nuestra visión de lo que es necesario, verdadero, digno y relevante estaba predestinado a arraigarse en una adoración funcional de Él. Fuimos creados para la dignidad de llevar vidas largas y relevantes, vidas que estén conectadas literalmente a cosas previas a la creación del mundo y extendiéndose hasta la eternidad.

Esto resulta en una existencia expansiva, un tipo de vida que abarca más allá de las cosas normales que podrían sujetar, llamar la atención, entretener y satisfacer al ser humano promedio. Este tipo de vida de Dios grande, de panorama completo, significa que nos importan muchas cosas que realmente no nos tocan o involucran de inmediato. ¿Y por qué nos importan esas cosas? Porque a Dios, quien es la fuente y el centro de nuestra vida, le importan. La vida contorneada por Dios significa que los propósitos de Dios se vuelven nuestros objetivos funcionales, que las cosas que Dios dice que son valiosas se vuelven los tesoros de la vida real que buscamos, y que la voluntad de Dios suple los confines dentro de los cuales vivimos. El "más" por el que vivimos es su plan para nosotros y para todas las cosas. Empezamos a emocionarnos porque vemos cómo la gracia ha conectado nuestra historia a la historia extensa de Dios. Empezamos a comprender que la gracia hace un agujero en el termoencogible del pecado. La gracia entra, nos saca y nos coloca en un lugar que es más emocionante y relevante que cualquier cosa que podamos haber concebido por nuestra propia cuenta. Este lugar está oxigenado por su amor, vigorizado por su poder y decorado con su gloria. Este lugar enorme y maravilloso, donde estábamos predestinados a vivir y a encontrar nuestra identidad y propósito es el reino de Dios.

LOS CONTORNOS DEL REINO ENCOGIDO

Sin embargo, tristemente, todos tendemos a emocionarnos por otro reino. El pecado secuestra nuestros intereses y atrofia lo que nos importa. El pecado no nos deja ver la gloria de Dios y ni oír su llamado. Trágicamente, el pecado nos deja a todos muy dispuestos a satisfacernos con gastar nuestros dones y energías en nosotros mismos. El pecado reduce la comunidad humana a una sociedad de reyes colisionando con los reinos solitarios de cada uno. No es de sorprenderse que vivamos en tal conflicto en nuestra vida y tanta guerra en la comunidad global. Es absolutamente un acto de la gracia de Dios que podamos vivir unos con otros.

Quizá en este momento estés pensando, "está bien, Paul, lo entiendo. Comprendo la *dinámica del encogimiento,* pero no estoy seguro de captar cómo es en el contexto de la vida diaria". Entonces, analicemos los contornos estrechos del reino del yo.

Aquí y ahora. El reino del yo envuelto en termoencogible tiende a tener sus ojos puestos fijamente en el presente. Se trata de lo que veo, escucho, pienso y siento en el aquí y el ahora. Este reino no es de gratificación postergada ni de paciencia perseverante. Es un reino impaciente que lo que quiere lo quiere ahora mismo.

Sin embargo, ya que tenemos almas inmortales, estamos diseñados a vivir siempre con la eternidad a la vista. Este momento no es más que una introducción y una preparación a lo que ha de venir. Toda la duración de nuestra vida en la tierra no es más que un parpadeo infinitesimal en el tiempo cuando se le compara con la expansividad de la eternidad que está delante de nosotros. La cultura del gran reino está moldeada por los ojos que están sobre la eternidad. La cultura del gran reino ve el *ahora* como una inversión en el *entonces.* La cultura del gran reino halla valor y gozo en las inversiones eternas en vez de en los catálogos interminables de las inversiones temporales en los gozos materiales del aquí y el ahora.

No, no es malo invertir en un buen vehículo, comprar una buena casa, disfrutar unas vacaciones relajantes o saborear los placeres de un platillo suculento. Cada una de estas cosas señala, de alguna manera, a la gloria creativa de Dios. El problema aquí es lo que maneja el sistema. Todo se trata de aquello por lo que vives, lo que te da relevancia y propósito, lo que hace que te levantes por la mañana, a lo que le das tu identidad, en lo que buscas para encontrar gozo, en lo que buscas para satisfacer tu corazón y donde buscas para encontrar vida.

El reino del yo tiende a tener su enfoque en los gozos, el placer y la búsqueda del aquí y el ahora. Nadie critica esta manera de vivir mejor que C. S. Lewis en *Mero Cristianismo.*

> Si lees la historia, descubrirás que los cristianos que hicieron para el presente lo mejor de este mundo fueron aquellos que más pensaron en el siguiente. Los apóstoles mismos, que pusieron un pie en la conversión del imperio romano, los grandes hombres que construyeron la Edad Media, el inglés que abolió la trata de esclavos, todos ellos dejar su marca en la Tierra, precisamente porque su mente estaba ocupada con el cielo. Es desde que los cristianos han dejado en gran parte de pensar en el otro mundo que se han vuelto tan ineficientes en este. Apunta al cielo y obtendrás la tierra "por añadidura"; apunta a la tierra y no recibirás ninguna de las dos.[5]

Yo y mío. El reino encogido también es miope. No ve bien a la distancia. Su visión de lo que es necesario, importante, valioso, vital, urgente, esencial y que valga la pena tiende a no llegar más allá de las preocupaciones e intereses del yo. Claro está, se supone que yo sea un buen administrador de los dones que el Señor me ha dado, y mis amigos y mi familia inmediatos deberían importarme. No está mal que lo hagamos. Lo que está mal es pasar tanto tiempo cuidando de mí que no queda ni tiempo ni energía para gastarlo en los afanes y los intereses del vasto universo que existe fuera de las fronteras de mi vida.

Quizás algo que me sucedió en el seminario podría servir para ilustrar esta idea. Yo asistí a un seminario en Filadelfia, que estaba ubicado en una comunidad marcada con todo el deterioro urbano físico, personal y socioeconómico que ha golpeado a muchas comunidades en las ciudades más grandes de Estados Unidos. Diariamente, tres o cuatro pastores y yo íbamos en un solo vehículo al seminario para estudiar la riqueza teológica de la Palabra de Dios con el propósito de prepararnos para ministrar a pecadores que lidiaban con las dificultades de la vida en un mundo roto. Teníamos las conversaciones más sorprendentes y emocionantes en el recorrido de ida y vuelta. Me encantaban esos viajes tanto como disfrutaba las clases.

Una mañana, en el vehículo todo era silencio, y por la ventana vi más allá de mí mismo y de mi grupo de futuros teólogos. Por primera vez, realmente vi casas, vehículos y personas rotas. Por todas partes a donde miraba había una necesidad imperiosa. Permanecí sentado en el asiento trasero de ese transporte al seminario y empecé a llorar, no solo por la destrucción obvia del pecado sobre esa comunidad, sino por mi propia ceguera. Había estado en esa comunidad un día tras otro, pero había estado totalmente ciego a cualquier cosa por encima de mí y de lo mío. Estaba preparándome para el ministerio, pero tenía un corazón espantosamente insensible.

Deseos y necesidades. Todos vivimos con un sentido de necesidad y deseo personal. Podría ser un acto irracional comportarse como si uno no necesitara nada. No es malo desear ciertas cosas. Repito, el problema es lo que domina tu corazón e impone la agenda para tu vida. ¿Es demasiado el tiempo gastado en cuidar de tus propias necesidades y satisfacer tus deseos personales que no te queda ni siquiera un poco de tiempo para los intereses comparativamente más grandes del reino de Dios?

Al reino del yo lo dirige fundamentalmente el compromiso personal de asegurarme de obtener todo lo que quiero y de hacer todo lo que pueda para satisfacer todos mis antojos. No es un reino moldeado por lo que Dios quiere y por lo que necesitan los demás. Mis necesidades ocupan tanto espacio que es difícil que cualquier otra cosa compita por mi atención, energía e interés.

Físico y material. El reino envuelto en termoencogible tiende a tratarse de lo que se puede ver, escuchar, sentir, tocar, saborear o en lo que de alguna manera pueda experimentarse físicamente. Es un estilo de vida dominado por las experiencias y placeres físicos de la creación tangible. Está dominado por la apariencia externa y los placeres sensoriales.

Ahora bien, una vez más el equilibrio aquí es necesario. *Somos* personas físicas, y *ciertamente* vivimos en un mundo físico creado hermosamente. Hay placeres sorprendentes para disfrutar en el mundo físico, y hacerlo puede ser un acto de adoración; sin embargo, el peligro es que la vida sería definida por las cosas que se ven en vez de las cosas invisibles. El reino del yo tiende a estar más concentrado en lo que las manos pueden tocar que en lo que el corazón debería acoger.

Derecho pretendido y obtenido. El reino del yo tiende a ser uno de "esto es lo que merezco", "esta es mi posición", "esto es lo que me pertenece" y "esta es la manera en que deberías tratarme". Es un reino que encuentra mayor deleite en ser servido que en servir. Aquí, uno tiende a estar más dolido por las ofensas en contra de uno. Aquí, uno tiene un ojo vigilante sobre la manera en que lo tratan los demás. Aquí, las relaciones de uno están moldeadas por sus expectativas sobre cómo la gente que lo rodea debe identificarse con uno. Aquí, uno está muy claro acerca de su propiedad, su posición y sus derechos.

LAS RELACIONES DE UNO ESTÁN MOLDEADAS POR SUS EXPECTATIVAS SOBRE CÓMO LA GENTE QUE LO RODEA DEBE IDENTIFICARSE CON UNO.

Ahora bien, esto no significa que es piadoso dejar que lo traten como alfombra o estar dispuesto a exponerse al maltrato o al abuso. Repito, el problema es lo que maneja al sistema. ¿Me paso la vida protegiendo mis límites personales, mi propiedad personal y mis derechos pretendidos; o estoy dispuesto a entregar mis derechos, a sacrificar mi comodidad y hasta a exponerme al maltrato por amor a la obra del reino de Dios?

El pecado tiene las glorias físicas del aquí y el ahora frente a ti y te dice que son las únicas glorias por las que vale la pena vivir. El pecado encoje tu entusiasmo y estrecha tu visión. El pecado dificulta ver por encima de las fronteras de tu propia vida. La gracia te capacita para derrumbar los obstáculos del autoenfoque, la autoprotección y la resistencia para que puedas acercarte a Dios y a los demás. Al hacerlo, no solamente experimentarás la gloria verdadera, sino que recobrarás tu verdadera humanidad.

LA PREGUNTA FINAL: ¿SE HA INVERTIDO LA ENERGÍA DE TU VIDA EN EL MUNDO ESTRECHO DE LOS DESEOS, LAS NECESIDADES Y LOS INTERESES PERSONALES?

¿QUÉ ESTÁ PRECISAMENTE EN EL CENTRO DE TU VIDA?

8

EN EL CENTRO DE TODO

Pre.e.mi.nen.te: Superior o notablemente encima de todos los demás, el más grande en importancia

EN RESUMEN: VIVIR EN EL GRAN REINO SIGNIFICA VIVIR CON CRISTO COMO EL CENTRO DE TODO LO QUE YO PIENSO, DESEO, DIGO Y HAGO.

Él simplemente tenía que ser el centro de atención. Sin importar quiénes eran ellos o lo que estaban haciendo, él parecía ser incapaz de estar callado y de permanecer en el trasfondo. Él se perturbó cuando lo forzaron a compartir el escenario con otros e hizo todo lo que pudo para robarse la atención. No estaba interesado en compartir y no se deleitaba en servir. No le gustaba obedecer, y siempre pensaba que sus ideas eran las mejores. Veía a la gente como obstáculo y a las circunstancias fuera de su control como peligrosas. Exigía la atención de los demás y protestaba fuertemente cuando no la obtenía. El problema era, no solo que estaba obsesionado con ser el centro de todo, sino que tenía solamente ocho años de edad.

Estaba en mi oficina con sus padres exhaustos, temerosos y desanimados. Ellos simplemente habían llegado al límite de su paciencia. Habían hecho todo lo que sabían, y nada parecía marcar una diferencia. Temían las largas noches en casa, les daba miedo sacarlo en público y enfrentaban todo tipo de problemas en la escuela. Él era el pequeño señor de su universo, y había hecho un buen trabajo al poner en cintura a sus padres y a otras personas por medio de la tortura.

Mientras estaba con sus padres y observaba las dinámicas de su relación con ellos, hubo una cosa que se me repetía en la mente. En el egocentrismo de este niño terco, yo veía un ejemplo de lo que el pecado nos hacer a todos nosotros. El pecado hace que todos nosotros queramos vivir en el centro de nuestro mundo. El pecado provoca que todos queramos que toda la atención esté encima de nosotros. El pecado hace que concentremos nuestras energías en los tesoros terrenales y las necesidades basadas en la ansiedad. Sí, el pecado sí hace realmente que todos encojamos el tamaño de nuestra vida al tamaño de nuestra vida. Esto *es* de lo que se trata el reinito. En el reinito, el yo está siempre en el centro. En el gran reino, el reino de Dios, el centro es el único lugar donde el yo nunca podrá estar. **La diferencia fundamental entre los dos reinos se puede ver en quién reside en el centro.** Trascendente, la vida del gran reino siempre tiene el centro reservado para alguien que no eres tú. Este capítulo trata de ese Alguien.

LA BIBLIA: LA HISTORIA DEL REY

Como dijimos, la Biblia es la historia de una batalla entre los dos reinos: el reino del yo y el reino de Dios. Pero aun más que eso, la Biblia es la historia del Rey. La esperanza brillante y resplandeciente del Antiguo Testamento, cuando registra los reinos fracasados del hombre, es que un Rey iba a venir, quien establecería su reino y reinaría en justicia y rectitud eternamente. (Lee Isaías 9:6-9, Isaías 32, Ezequiel 37:24, y versículos subsiguientes; Zacarías 9:9-3). El Antiguo Testamento llama al pueblo de Dios a cambiar su esperanza del gobierno defectuoso de los reyes humanos al de la promesa de Aquel que gobernaría sin pecado eternamente. El Antiguo Testamento es una historia detallada de cómo Dios cumplió todos los pasos necesarios que llevaban a la venida del Rey Prometido.

Al mismo tiempo, registra la tendencia irresistible que los pecadores tienen para optar por el autogobierno, incluso en la faz de la promesa de su Rey bondadoso. El Antiguo Testamento termina con el pueblo de Dios a la espera, en la búsqueda y con la esperanza por el Rey.

El evangelio anuncia la llegada del Rey y el establecimiento de su reino. Este es el trasfondo de cada enseñanza de Cristo, cada milagro y cada provisión. El momento largamente esperado había llegado. Los pies del Rey habían tocado el césped de la tierra. Mateo tiene una declaración o descripción del reino en cada capítulo. Las epístolas detallan la esperanza gloriosa que los pecadores encuentran en el gobierno de gracia del Rey Salvador. De manera real, toda la Biblia es la historia de Cristo el Rey. Él *es* Aquel quien solamente es digno de pararse en el centro del reino de Dios. El gran reino *es* el reino de Cristo.

VIVIR PARA CRISTO ES LA ÚNICA MANERA EN QUE TÚ PODRÁS SER LIBERADO DE TU ATADURA A LA TENDENCIA ABRUMADORA DE ENCOGER EL TAMAÑO DE TU VIDA AL TAMAÑO DE TU VIDA.

Lo que esto significa prácticamente es que *vivir para el gran reino es vivir para Cristo*. La vida trascendente *es* una vida cristocéntrica. Vivir para Cristo es la única manera en que tú podrás ser liberado de tu atadura a la tendencia abrumadora de encoger el tamaño de tu vida al tamaño de tu vida. La única manera para salir libre de los límites estrechos de tu reinito es vivir en el gran país celestial de la vida cristocéntrica. La batalla empieza solamente a ganarse cuando dices "sí" al llamado de tu Rey, el Señor Jesucristo.

NOTABLE EN TODO

¿Qué significa vivir intencionalmente en forma cristocéntrica en tu rutina diaria: en tu matrimonio, paternidad, amistad, trabajo, comunidad, finanzas, etc.? Recuerda que solo cuando vives para Cristo puedes recuperar la trascendencia para la que fuiste creado. Solamente la vida trascendente puede recuperar tu verdadera humanidad.

Y solamente al recuperar tu verdadera humanidad puede tu vida tener realmente relevancia y propósito. Todo esto es cierto porque tu humanidad no está ligada al autoconocimiento y a la autorrealización (como sugiere el mundo que te rodea), sino en invertir tu vida para la gloria de Cristo y el éxito de su reino sobre la tierra. Fuiste colocado aquí para el propósito de la gloria de otro. Esto no es una opción de estilo de vida; está en la naturaleza misma de tu humanidad. Vivir para ti mismo es robarte tu propia humanidad. Es solamente en vivir para Cristo que empezamos en realidad a convertirnos en lo que estábamos predestinados a ser.

Quiero decirlo de nuevo. Vivir para el gran reino es vivir cada dimensión de mi vida de manera cristocéntrica. Analicemos dos pasajes del apóstol Pablo que se centran en esta verdad. Estos pasajes son tan fundamentales que he incluido el texto completo de ambos. Veamos primero Colosenses 1:3-23.

> Damos gracias a Dios, el Padre de nuestro Señor Jesucristo, orando siempre por ustedes, pues hemos oído de su fe en Cristo Jesús y del amor que tienen por todos los santos, a causa de la esperanza reservada para ustedes en los cielos. De esta esperanza ustedes oyeron antes en la palabra de verdad, el evangelio que ha llegado hasta ustedes. Así como en todo el mundo está dando fruto constantemente y creciendo, así lo ha estado haciendo también en ustedes, desde el día que oyeron y comprendieron la gracia de Dios en verdad. Así ustedes lo aprendieron de Epafras, nuestro amado consiervo, quien es fiel servidor de Cristo de parte nuestra, el cual también nos informó acerca del amor de ustedes en el Espíritu.
>
> Por esta razón, también nosotros, desde el día que lo supimos, no hemos cesado de orar por ustedes, pidiendo que sean llenos del conocimiento de Su voluntad en toda sabiduría y comprensión espiritual, para que anden como es digno del Señor, haciendo en todo, lo que le agrada, dando fruto en toda buena obra y creciendo en el conocimiento de

Dios. Rogamos que ustedes sean fortalecidos con todo poder según la potencia de Su gloria, para obtener toda perseverancia y paciencia, con gozo dando gracias al Padre que nos ha capacitado para compartir la herencia de los santos en la Luz. Porque Él nos libró del dominio de las tinieblas y nos trasladó al reino de Su Hijo amado, en quien tenemos redención: el perdón de los pecados.

Él es la imagen del Dios invisible, el primogénito de toda creación. Porque en Él fueron creadas todas las cosas, tanto en los cielos como en la tierra, visibles e invisibles; ya sean tronos o dominios o poderes o autoridades; todo ha sido creado por medio de Él y para Él. Y Él es antes de todas las cosas, y en Él todas las cosas permanecen. Él es también la cabeza del cuerpo que es la iglesia. Él es el principio, el primogénito de entre los muertos, a fin de que Él tenga en todo la primacía. Porque agradó al Padre que en Él habitara toda la plenitud, y por medio de Él reconciliar todas las cosas consigo, habiendo hecho la paz por medio de la sangre de Su cruz, por medio de Él, repito, ya sean las que están en la tierra o las que están en los cielos.

Y aunque ustedes antes estaban alejados y eran de ánimo hostil, ocupados en malas obras, sin embargo, ahora Dios los ha reconciliado en Cristo en Su cuerpo de carne, mediante Su muerte, a fin de presentarlos santos, sin mancha e irreprensibles delante de Él. Esto Él hará si en verdad permanecen en la fe bien cimentados y constantes, sin moverse de la esperanza del evangelio que han oído, que fue proclamado a toda la creación debajo del cielo, y del cual yo, Pablo, fui hecho ministro. (NBLA)

En esta oración o himno, Pablo lo dice todo. Cristo es tu esperanza. Cristo es tu sabiduría. Cristo es tu fortaleza. Cristo es tu rescate. Cristo es tu reconciliación. Has sido llamado a un estilo de vida diario donde este Cristo es notable en todo lo que conforma tu vida.

O analiza 1 Corintios 1:18 – 2:5.

Porque la palabra de la cruz es necedad para los que se pierden, pero para nosotros los salvos es poder de Dios. Porque está escrito: "Destruiré la sabiduría de los sabios, y el entendimiento de los inteligentes desecharé".

¿Dónde está el sabio? ¿Dónde está el escriba? ¿Dónde está el que sabe discutir en este siglo? ¿No ha hecho Dios que la sabiduría de este mundo sea necedad? Pues ya que en la sabiduría de Dios, el mundo no conoció a Dios por medio de su propia sabiduría, agradó a Dios mediante la necedad de la predicación salvar a los que creen. Porque en verdad los judíos piden señales y los griegos buscan sabiduría; pero nosotros predicamos a Cristo crucificado, piedra de tropiezo para los judíos, y necedad para los gentiles. Sin embargo, para los llamados, tanto judíos como griegos, Cristo es poder de Dios y sabiduría de Dios. Porque la necedad de Dios es más sabia que los hombres, y la debilidad de Dios es más fuerte que los hombres.

Pues consideren, hermanos, su llamamiento. No hubo muchos sabios conforme a la carne, ni muchos poderosos, ni muchos nobles. Sino que Dios ha escogido lo necio del mundo para avergonzar a los sabios; y Dios ha escogido lo débil del mundo para avergonzar a lo que es fuerte. También Dios ha escogido lo vil y despreciado del mundo: lo que no es, para anular lo que es, para que nadie se jacte delante de Dios. Pero por obra Suya están ustedes en Cristo Jesús, el cual se hizo para nosotros sabiduría de Dios, y justificación, santificación y redención, para que, tal como está escrito: "El que se gloría, que se gloríe en el Señor".

Por eso, cuando fui a ustedes, hermanos, proclamándoles el testimonio de Dios, no fui con superioridad de palabra o de sabiduría. Porque nada me propuse saber entre ustedes excepto a Jesucristo, y Este crucificado. Estuve entre ustedes

> con debilidad y con temor y mucho temblor, y mi mensaje y mi predicación no fueron con palabras persuasivas de sabiduría, sino con demostración del Espíritu y de poder, para que la fe de ustedes no descanse en la sabiduría de los hombres, sino en el poder de Dios (NBLA).

¿Qué les dijo Pablo a los creyentes de Corinto que era el único elemento de su ministerio que no se puede reducir? ¡La centralidad del Cristo crucificado! Vivir en el reino, para Pablo, es poner a Cristo y a su cruz en el centro de todo en la vida cristiana. Habiendo hecho comentarios breves sobre ambos pasajes, quiero resumirlos con los siguientes principios.

El mundo creado fue diseñado para tener a Cristo en el centro. Romanos 11:36, lo dice bien: "Porque de Él, por Él y para Él son todas las cosas. A Él sea la gloria para siempre. Amén" (NBLA). Lleva este principio a cada escena de tu vida. Tu matrimonio provino de Cristo, tu matrimonio debe vivirse en Cristo, y tu matrimonio existe por la gracia de Cristo. Tus hijos provienen de tu Señor, tus hijos le pertenecen a Él, y tus hijos solamente serán lo que fueron predestinados a ser a través de su amor y gracia. Tus posesiones vienen de su mano, tus posesiones son de Él y para su propósito, y tus posesiones se mantendrán por medio de su cuidado. **No hay nada en tu vida que no le pertenezca a Cristo.**

Las personas fueron diseñadas para llevar una vida enfocada en Cristo. La humanidad verdadera nunca ha de hallarse en autonomía debido a que los seres humanos fueron creados para vivir necesariamente en comunidad con el Creador. Así que siempre que yo vivo funcionalmente para mí mismo, estoy negando las cosas para las que fui hecho y exponiendo mi vida al fruto negativo resultante. Desde el primer día, Cristo estaba predestinado a ser el centro de la vida de todos los que creó. Ese es el paradigma del jardín del Edén.

La vida centrada en Cristo es necedad para el mundo. Para la mayor parte del mundo, la religión es el lujo del fuerte y la triste necesidad del débil, pero es completamente una necedad estructurar tu vida alrededor de los propósitos de un ser que no puede ser visto ni oído. **El ideal humano de la cultura occidental es el hombre que se hace a sí mismo. Honramos a la persona que se ha hecho a sí mismo y que sigue sus propias reglas.** Desde esta perspectiva, solamente tiene sentido que nuestra mente deberían ser el tribunal del máximo juicio, y ese placer debería ser nuestro objetivo máximo. Parece sabio endiosar a la creación e ignorar al Creador. En esta economía, esta vida es nuestro enfoque y la eternidad sencillamente no existe. Por lo tanto, la máxima necedad es pensar que mi vida existe para la gloria de otro.

***Enfocarnos en Cristo siempre resultará en un enfoque en la cruz.* No puedes ser cristocéntrico sin volverte cruz-céntrico.** El Cristo crucificado debe ser el centro de todo lo que sé acerca de mí mismo y de mi mundo. No puedes tener ninguna esperanza real para personas imperfectas en un mundo caído a menos que haya un Redentor para rescatarnos del mal que reside tanto dentro como fuera de nosotros. La restauración verdadera para el diseño creado de Dios requiere la cruz. Es la cruz de Cristo la única que restaurará mi fidelidad a Cristo y su lugar por derecho en el centro de todo lo que hay en mi vida.

¿CÓMO ES CUANDO CRISTO ESTÁ EN EL CENTRO?

Sam era un cristiano, pero su fe carecía de fervor y dirección. Él hizo todo lo correcto, pero parecía vacío y sin energía. Sin embargo, en el trabajo él asumía una personalidad completamente distinta. Era positivo, motivado, interactivo y entusiasta. Llegaba temprano para adelantar su día, no porque lo obligaran, sino porque él quería. Muchas veces, era la última persona en salir del trabajo. En su andar con el Señor y en su vida con su iglesia, no parecía estar ni emocionado ni involucrado. Pero en el trabajo, él estaba vivo, con todos los poros abiertos. ¿Por qué el contraste? ¿Qué *era* lo que faltaba?

Esto es lo que sucede. Cuando Cristo no es el centro en la vida de un cristiano, su cristianismo estará siempre reducido a *teología* y *reglamentos* y dejará de ser el principio organizacional central de su vida. Lo cual dará paso a otras motivaciones y movimientos poderosos para los contornos de su vida. Creo que esta es la experiencia de muchos cristianos. ¡A su cristianismo le falta Cristo! Luego, esto se vuelve un poco más una ideología acompañada de una colección de moralismos. Lo que es increíblemente peligroso acerca de esto es que si Cristo no es el centro de nuestro corazón, alguien más lo será. El cristianismo como teología y reglas permitirá que el yo sea el centro. Es solamente Cristo quien puede liberarte a ti y a mí de la atadura del reinito. Funcionalmente, la fe de Sam había sido reducida a creencias y mandamientos. Sin embargo, el cristianismo sin Cristo está desprovisto tanto de su belleza como de su poder. Solamente el amor por Cristo tiene el poder para incapacitar el fuerte amor por el yo que es la pesadilla de todo pecador, y solamente la gracia de Cristo tiene el poder para producir ese amor.

SOLAMENTE EL AMOR POR CRISTO TIENE EL PODER PARA INCAPACITAR EL FUERTE AMOR POR EL YO QUE ES LA PESADILLA DE TODO PECADOR, Y SOLAMENTE LA GRACIA DE CRISTO TIENE EL PODER PARA PRODUCIR ESE AMOR.

Sí, es posible que Cristo sea reemplazado, ¡incluso en el cristianismo! Es posible que el reinito se parezca mucho al gran reino. El *activismo cristiano*, el compromiso y el entusiasmo por las causas morales, puede disfrazarse como un amor por Cristo. El *legalismo* se disfrazará como amor por Cristo con su rígida atención a la ley y su confianza en la justicia humana. El *formalismo* portará la máscara del amor por Cristo con su compromiso dedicado a participar en todas las reuniones programadas y en los ministerios de la iglesia. El *emocionalismo* con sus momentos poderosos de emoción sentida se presentará a sí mismo como amor por Cristo. El *dogmatismo* con su fuerte lealtad a la pureza de la verdad parecerá amor por Cristo. El *externalismo* con su pasión por participar en todas las señales externas de la piedad cristiana verdadera parecerá como amor por Cristo.

Todas estas cosas tienen un lugar en el gran reino. Todas ellas pueden ser elementos del amor por Cristo. Sin embargo, el peligro de cada uno es que tienen el poder para disfrazarse del amor por Cristo, reemplazándolo efectivamente en nuestro corazón. Una persona es completamente capaz de ir tras los propósitos de su reinito y de pensar simultáneamente que está llevando una vida cristocéntrica, cuando, en realidad, su corazón no está gobernado ni por el consuelo de la gracia de Cristo ni por el llamado a amarlo por encima de todo lo demás. En realidad no hay lugar para Cristo en el cristianismo de muchas personas. Su fe no está realmente en *Cristo*; está en el *cristianismo* y en su propia capacidad de ponerlo en práctica. Este tipo de "cristianismo" se trata realmente de las sombras de glorias del conocimiento y el desempeño humano. No exige la muerte del yo que siempre debe suceder si el amor por Cristo va a reinar en nuestro corazón.

EN REALIDAD NO HAY LUGAR PARA CRISTO EN EL CRISTIANISMO DE MUCHAS PERSONAS. SU FE NO ESTÁ REALMENTE EN *CRISTO*; ESTÁ EN EL *CRISTIANISMO* Y EN SU PROPIA CAPACIDAD DE PONERLO EN PRÁCTICA.

Entonces, ¿cómo *sí* es la vida cristocéntrica del gran reino? Esto es de lo que tratará el resto de este libro. Quiero que este libro te deje con un sentido claro de lo que es la vida cristocéntrica, trascendente del gran reino en tus situaciones y relaciones diarias. Quiero empezar ofreciéndote cuatro palabras. En el próximo capítulo, veremos un pasaje que nos dará una dirección más concreta para llevar una vida cristocéntrica que realmente marque una diferencia en este mundo caído. Vivir en una manera cristocéntrica significa que Cristo es mi fuente, motivo, objetivo y esperanza.

Fuente. Aquí estoy reconociendo que todo lo que verdaderamente vale la pena tener es un regalo que viene de las manos de Él. Aquí reconozco que no pude haber escrito mi propia historia. El lugar donde estoy, los dones, los talentos, las habilidades, las oportunidades y las bendiciones, todas, vienen de Él. Aquí, también, admito que no puedo ser lo que se supone que sea o hacer lo que se supone que haga apartado de una provisión constante y continua de su gracia. Necesito sabiduría, fortaleza, amor, paciencia, perseverancia y fe, lo cual no obtengo por mí mismo. Ver a Cristo como tu fuente significa medir tu potencial, no por los límites de tu capacidad natural, sino por los recursos interminables de su gracia. Y ya que estoy dependiendo constantemente de su gracia, busco su gracia en cualquier parte que se halle. Leo su Palabra, tengo compañerismo con otros creyentes, participo en la adoración corporativa, estoy activo en un ministerio, participo de la Santa Cena y busco el consejo sabio de líderes espirituales. Hago todas estas cosas no por obligación, sino porque Cristo es la fuente y yo busco su gracia.

Motivo. Llevar una vida cristocéntrica significa que Él realmente es la razón de todo lo que hago. Quiero conocerlo. Quiero ser parte de su obra en la tierra. Quiero que mi vida lo complazca. Valoro lo que Él valora. Quiero que su propósito para mí defina mi propósito para mí mismo. Quiero seguir sus palabras y personificar su carácter. Quiero ser su discípulo y representarlo como un embajador de manera que su voluntad moldee mis acciones, reacciones, palabras, pensamientos y deseos. Mis decisiones se tratan más de lo que lo complace a Él que de lo que me complace a mí. Estoy entusiasmado porque me ha elegido para ser parte de su gran reino, y quiero vivir de una manera que cumpla con los objetivos, valores y propósitos de este.

Objetivo. Llevar una vida cristocéntrica significa que estoy dispuesto a someter toda gloria alcanzada en mi vida a la única gloria que ha capturado mi corazón y estructura mi vida: la gloria de Jesucristo. Sí quiero que Él sea conocido, honrado, adorado y obedecido. Sí, quiero que sus propósitos triunfen. Y aunque hay cosas que me gustaría experimentar y lograr, solamente hay una brújula para mi vida. Vivo por su honor y por su gloria. Yo ya no vivo, decido, actúo ni me identifico con los propósitos de mi propia gloria. No, he hallado algo mucho más maravilloso y hermoso, y Él es lo que le da dirección y gozo a mi vida.

Esperanza. ¿Qué es lo que esperas? ¿En qué canasta has puesto todos tus huevos? ¿Dónde tienes la tendencia a decir: "Si tan solo tuviera ____________________, entonces mi vida sería maravillosa"? ¿Qué te da ansias y tienes la esperanza de poder experimentarlo?

¿Qué mantiene tu mente ocupada y controla tus sueños? ¿Estás invirtiendo constantemente en lo que no puedes dar y que no durará? ¿Es Cristo tu esperanza? ¿Es Él la roca sólida donde se afianza tu vida? Cuando Cristo es mi esperanza, Él se vuelve la única cosa en la que yo estoy confiado. Actúo con su sabiduría y confío en su gracia. Creo en sus promesas y me apoyo en su presencia. Y voy tras todas las cosas buenas que Él me ha prometido, sencillamente porque confío en Él. Así que no voy por la vida manipulando, controlando ni amenazando para obtener lo que quiero, porque he descubierto que lo que yo quiero es Cristo. Él es mi esperanza.

CUANDO CRISTO ES MI ESPERANZA, ÉL SE VUELVE LA ÚNICA COSA EN LA QUE YO ESTOY CONFIADO.

Sopesa estas preguntas: ¿Para cuál reino estás viviendo en realidad? ¿Qué es la "buena vida" que procuras diariamente? ¿Qué esperanza te levanta en la mañana y te mantiene activo a lo largo del día? ¿Es Cristo el centro de tu vida? Si yo viera el vídeo de tu mes pasado, escuchando lo que dijiste y por qué lo dijiste, ¿qué es lo que más voy a notar? Si viera cómo tomas decisiones y te identificas con los demás, dándome cuenta de lo que te interesa y por lo que luchas, ¿qué reino me revelaría eso? Si viera cómo lidias con la responsabilidad y cómo inviertes tu tiempo libre, y si te viera tanto en los momentos ocupados como en los de quietud, incluso si escuchara tus conversaciones silenciosas contigo mismo, ¿podría yo concluir que Cristo es el centro de tu vida? ¿Es Él realmente tu fuente, tu motivo, tu objetivo y tu esperanza? ¿Es posible que tu cristianismo, de hecho, pueda excluir a Cristo? ¿Es quizá posible que el reinito esté vigente, justo en el medio del gran reino?

LA PREGUNTA FINAL: ¿QUÉ TIENDE A COMPETIR CON CRISTO PARA SER EL CENTRO DE TU MUNDO?

¿ESTÁS LISTO A PARTICIPAR EN TU PROPIA MUERTE?

9

BIENVENIDO A TU MUERTE

Dis-cí-pu-lo: Aquel que se adhiere a la enseñanza de otro e imita su ejemplo

EN RESUMEN: AL LLAMARNOS A MORIR, CRISTO REALMENTE NOS ESTÁ RESCATANDO DE LA MUERTE Y DÁNDONOS VIDA VERDADERA.

Habíamos evitado entrar a esa habitación tanto tiempo como pudimos. Sabíamos que no iba a ser cómodo, natural ni fácil. Estábamos seguros de que ninguno de nosotros saldría de allí con alguna alegría. Habría sido agradable que hubiéramos hablado de vida, del mañana, del futuro. Sin embargo, entramos ese día a la habitación para hablar de la muerte. El cuerpo de mi mamá sencillamente ya no podía sostenerla. La habían mantenido artificialmente viva por medio de la tecnología médica, y el doctor estaba allí para preguntarnos durante cuánto tiempo más la queríamos mantener en ese estado. Recuerdo haber pensado en cuán universal es el odio a la muerte, cuánto dolor había en esta unidad de cuidados intensivos y cuántas personas caminando por los pasillos deseaban poder tomar la vida en sus manos y devolvérsela a un ser querido que se estaba muriendo.

A la luz de todo esto, debe haber sido una conmoción cuando Cristo se dirigió a sus seguidores y anunció que ellos tenían que morir. ¡No era la mejor manera de entusiasmar a la multitud o de promover su reino! Cristo estaba llamando a sus oyentes a algo que es sencillamente contradictorio para todos nosotros. Todos nos esforzamos para preservar tanto nuestra vida física como nuestra definición personal de la vida. Este instinto para preservar y defender la vida es muy profundo en todos nosotros. Sin embargo, aquí, el Creador de la vida en realidad nos está llamando a pensar positivamente acerca de morir. No parece tener sentido. Eso es hasta que empiezas a entender la lógica profunda en el llamado de Cristo.

Analicemos sus palabras en Lucas 9:23-26.

> "Si alguien quiere seguirme, niéguese a sí mismo, tome su cruz cada día y sígame. Porque el que quiera salvar su vida, la perderá, pero el que pierda su vida por causa de Mí, ese la salvará. Pues, ¿de qué le sirve a un hombre haber ganado el mundo entero, si él mismo se destruye o se pierde? Porque el que se avergüence de Mí y de Mis palabras, de este se avergonzará el Hijo del Hombre cuando venga en Su gloria, y la del Padre, y la de los santos ángeles".

Esta es una de las verdades más prácticas que jamás considerarás. Tiene todo que ver con la manera en que estás invirtiendo tu vida en el presente, dónde estás colocando tu esperanza y la vida trascendente a la que estás predestinado a disfrutar. El reinito promete vida, pero te trae muerte; el gran reino requiere tu muerte, pero te da vida.

> EL REINITO PROMETE VIDA, PERO TE TRAE MUERTE; EL GRAN REINO REQUIERE TU MUERTE, PERO TE DA VIDA.

Pero debes recordar que serás continuamente tentado a pensar que lo contrario es cierto. Quiero decirlo incluso con más fuerza. El mayor peligro de este lado de la eternidad es *la muerte pretendiendo ser vida*. La muerte pretendía ser vida en el jardín del Edén y lo ha estado haciendo desde entonces. Proverbios 14:12 resume bien el engaño de la muerte: "Hay camino que al hombre le *parece* derecho, pero al final, es camino de muerte".

Nosotros, los pecadores, somos muy buenos para confundir la muerte y la vida. Si pones atención, lo verás en todo lo que te rodea. Mira la televisión, por ejemplo, donde el adulterio se representa como vida. Claro está, un momento de lujuria sexual o incluso el acto del sexo ilícito podría parecer vigorizante al principio. Podría sentirse como si la vida estuviera en su máximo nivel. Sin embargo, el adulterio es una inversión cruel tanto del cuerpo como del alma. La Escritura nos advierte sobre hacia dónde va una relación con una adúltera: "Pero al final es amarga como el ajenjo, aguda como espada de dos filos. Sus pies descienden a la muerte, sus pasos solo logran el Seol" (Proverbios 5:4-5).

O piensa en la glotonería, la cual parece un disfrute inofensivo de las cosas buenas que el Señor ha creado. Puede sentirse como la buena vida, pero en realidad te está robando la vida verdadera y destruyendo tu cuerpo y tu alma. Las posesiones materiales nos las venden como si tuvieran el poder para dar vida. Y debido a que pueden verse y tocarse, parecerían vida. Rodéate de cosas finas que consientan los sentidos, y experimentarás deseos sensuales muy poderosos. Sin embargo, el materialismo realmente te roba, porque las cosas materiales que gobiernan tu corazón no pueden darte vida. El materialismo atrofiará tu alma y terminará en muerte.

EL MATERIALISMO ATROFIARÁ TU ALMA Y TERMINARÁ EN MUERTE.

Una y otra vez, la Biblia nos advierte que la vida consiste en más del "pan" físico. Ves el funcionamiento engañador hasta en los niños. Para un niño, salirse con la suya y criarse a sí mismo puede parecer como la vida real. A diferencia de la obediencia, la desobediencia puede parecer un camino más rápido hacia la buena vida. Sin embargo, la Biblia dice todo lo contrario. Larga vida es la promesa para quienes honran y obedecen a sus padres.

Así que necesitamos escuchar la advertencia de Cristo, porque el truco de la "muerte pretendiendo ser vida" nos lo van a jugar a cada uno de nosotros una y otra vez. Quiero organizar lo que Cristo dijo en Lucas, bajo cuatro encabezados: *el llamado, la lógica, la pregunta* y *la advertencia.* Analicemos juntos las palabras de Cristo.

EL LLAMADO: DEBES MORIR

Jesús dijo: "Si quieres ser parte de mí y de mi reino, tienes que *negarte a ti mismo, tomar tu cruz y seguirme"* (énfasis del autor). Este llamado a una muerte en tres partes es la única puerta hacia una vida que realmente es vida. Jesús llama a cada uno de sus discípulos a seguir su ejemplo. Él, quien murió para darnos vida, promete vida a todos aquellos que están dispuestos a morir.

Niégate a ti mismo: muerte a la prioridad del yo. Desde la más temprana edad, nuestro amor por nosotros mismos moldea todo lo que hacemos y decimos. Peleamos por los juguetes, por el último tazón de cereal y sobre quién entra primero al baño. Nos esforzamos para que piensen que somos justos, para ser considerados atractivos, para ganar la discusión con un vecino, para obtener un ascenso. Procuramos ser los primeros, los mejores, el centro de atención, los más poderosos, los más conocidos, los más amados. Realmente nos amamos y tenemos un plan maravilloso para nuestra vida. Consentimos nuestros deseos y hacemos todo lo que podemos para cubrir nuestras "necesidades". Si fuéramos realmente sinceros, muchos de nosotros diríamos que estaríamos completamente satisfechos cuando vivamos por el bien de nuestro propio yo. Sin embargo, Cristo nos pide hacer algo inimaginable. Él nos pide que estemos dispuestos a decirle "no" a la persona que más se nos dificulta negarle algo: ¡a nosotros mismos!

En esencia, Cristo está diciendo: "Si quieres vivir, si quieres experimentar los gozos trascendentes de mi reino eterno, entonces tienes que dejar de aferrarte a tu vida. Debes relajar tu puño y devolverme tu vida con las manos abiertas". Ahora pregúntate a ti mismo: "¿Estoy siguiendo el llamado de Cristo donde vivo y trabajo?". Quizás estés pensando: *francamente, Paul, no estoy seguro de cómo sería eso.* Bueno, piensa que tu vida es una inversión. **Todos los días, cada**

uno de nosotros invierte su tiempo, dinero, dones, talentos, energía, relaciones y recursos en la búsqueda de algo. ¿Está tu vida invertida en la búsqueda de tu vida? ¿Tiene un objetivo mayor que tus deseos y necesidades personales? ¿Se te dificulta decirte "no"? ¿Luchas con la irritación, la impaciencia y el enojo cuando los demás se interponen inconscientemente en el camino de lo que quieres? ¿Todavía te aferras fuertemente a tu vida como si ésta realmente te perteneciera?

Toma tu cruz: muerte a mi búsqueda de mi vida. La cruz sobresale en la Escritura. Parece insensato, como el momento más aberrante de toda la historia. Parece un gran error, una pésima broma. Seguramente nada bueno puede salir de un Dios que se hace cargo de la vida humana y, luego, la mutila pública, agresiva e injustamente. No hubo connotaciones positivas para la cruz. Era el castigo más horrible reservado para los criminales más salvajes y malvados. Era una vergüenza pública sobre una colina en las afueras de la ciudad, y siempre terminaba en muerte.

Sin embargo, la cruz no era una mala broma. Es la historia de la paradoja más hermosa. La muerte del Mesías era la única manera en que Él podía darle vida a quienes creyeran en Él. La esperanza de la cruz está en el sacrificio voluntario de Uno por amor al otro. A esto es exactamente de lo que se trata el llamado de Cristo a tomar tu cruz. Aquel que sacrificó su vida para que nosotros pudiéramos tener vida, ahora llama a sus discípulos a sacrificar la de ellos por Él. En un mundo que solamente entiende el reino del yo, vivir para el gran reino de Cristo siempre requerirá sufrimiento y sacrificio.

AQUEL QUE SACRIFICÓ SU VIDA PARA QUE NOSOTROS PUDIÉRAMOS TENER VIDA, AHORA LLAMA A SUS DISCÍPULOS A SACRIFICAR LA DE ELLOS POR ÉL.

¿Qué no estás dispuesto a ofrecer? ¿Tu dinero? ¿Tu estilo de vida? ¿Tu reputación? ¿Tu casa? ¿Prestigio? ¿Poder? ¿La estima de los demás? ¿Tu vehículo? ¿Tus amistades? ¿Tus planes para el futuro? ¿Cuál de estos placeres te negarías a clavar en tu cruz diaria?

Sígueme: la muerte de procurar mi plan. ¿Hacia dónde vas con tu vida? ¿De quién es el plan que estás siguiendo? ¿Los sueños de quién moldean las decisiones y las acciones que tomas? ¿Quién prepara la agenda para un día, semana, mes o año específicos? Si pudieras lograr tu plan ¿cómo sería tu vida? Aquí, Cristo nos llama a la muerte del autogobierno. Nos llama a someter todo lo que hacemos a su propósito para nuestra vida. Como sus hijos, ya no debemos vivir como pequeños señores de nosotros mismos, ejerciendo soberanía sobre nuestra propia vida. No, somos llamados a algo más grande que cualquier otra cosa que pudiéramos planear por nosotros mismos. Todo lo que pensamos, deseamos, decimos y hacemos debe casar dentro de la nueva identidad que hemos recibido. Hemos sido escogidos y llamados para ser *seguidores*. Eso significa que ya no vivimos con una mentalidad de *amos*. Fuimos comprados y su sangre pagó por nosotros, y nuestra vida ya no nos pertenece. (Lee 1 Corintios 6:19-20). ¿Qué identidad moldea tus acciones, reacciones y respuestas para la vida? ¿Andas por la vida hablando como un mini rey? ¿Tratas de compactar el llamado de Cristo entre los contornos de tu plan maestro diseñado por ti mismo?

HEMOS SIDO ESCOGIDOS Y LLAMADOS PARA SER *SEGUIDORES*. ESO SIGNIFICA QUE YA NO VIVIMOS CON UNA MENTALIDAD DE *AMOS*.

Bill había concebido su plan maestro cuando todavía estaba en el bachillerato. Él sabía justo lo que quería ser y exactamente como quería que fuera su vida. Estaba determinado a que ningún obstáculo lo haría tropezar. El problema era que Bill era un creyente comprometido, y su plan había empezado a chocar con el plan de Dios para él. Su plan no tenía tiempo suficiente para invertir en su familia y su iglesia. Su plan no tenía suficientes recursos para ayudar a los demás. Su plan era el plan *de él*, y estaba tejido tan apretadamente que no tenía lugar para Dios. Bill nunca abandonó su fe ni dejó su iglesia, pero en un nivel profundamente personal había poco que fuera cristiano respecto a su vida. El problema de Bill era que Bill era el amo de Bill. Él nunca había asumido la identidad de seguidor.

Cristo llama a cada uno de sus hijos a esta muerte de tres partes: la muerte a la prioridad del yo, la muerte a nuestra búsqueda de nuestra vida y la muerte a procurar nuestro propio plan. ¿Estás viviendo como discípulo de Jesús en esta forma? ¿Estás siguiendo su ejemplo? Solamente cuando morimos a la gloria de nuestro derecho sobre nuestra propia vida empezaremos a experimentar las glorias trascendentes de vivir para el Señor. Solamente cuando estemos dispuestos a hacer lo inimaginable (presidir sobre nuestras muertes) lo maravilloso (la trascendencia para la que fuimos creados) se volverá nuestra posesión.

LA LÓGICA: RESCATADOS DEL SUICIDIO ESPIRITUAL

¿Por qué es tan difícil el llamado de Cristo? ¿Por qué se conformaría Él con nada menos que esta muerte triple? La respuesta es porque Cristo nos conoce. Él conoce el carácter y la inercia del pecado. La esencia del pecado es el enfoque en sí mismo. El pecado nos aparta del gran reino y nos lleva hacia el reinito. El pecado hace que mi corazón sea gobernado por el deseo personal y la necesidad sentida. El pecado me hace querer establecer las reglas para mí y para los demás. Incluso, el pecado hará que me apropie de la gracia de Dios para los propósitos de mi propia agenda. El pecado me hace exigente e impaciente. El pecado me hace poner mis manos alrededor de mi vida y hacer lo que pueda para preservarla para mi propio propósito.

> AFERRARME CELOSAMENTE AL SUEÑO DE LO QUE QUIERO LOGRAR, EXPERIMENTAR Y DISFRUTAR ES GARANTIZAR QUE NUNCA JAMÁS EXPERIMENTARÉ LA VIDA VERDADERA.

Por otro lado, Cristo no solo nos llama a participar voluntariamente en nuestra propia muerte, sino que también expone la lógica detrás de su llamado. Se halla en este principio único y profundo del gran reino: *Trata de salvar tu vida y la perderás, pero pierde tu vida por amor a Cristo y la encontrarás.* Repito, el reinito te promete vida, pero te da muerte; mientras que el gran reino requiere tu muerte, pero te da vida. Aferrarme celosamente al sueño de lo que quiero lograr, experimentar y disfrutar es garantizar que nunca jamás experimentaré la vida verdadera. En cambio, experimentaré el encogimiento lento y progresivo de mi alma hasta que ya no quede vida. Como ves, la vida no se puede hallar fuera de nuestra relación con el Señor. Entonces, si estoy buscando vida fuera de Aquel quien *es* vida, estoy, efectivamente, cometiendo un suicidio espiritual.

Las promesas del reinito siempre fracasarán. Siempre me dejarán siendo insuficiente, porque el oxígeno espiritual que mi corazón necesita para respirar solamente puede hallarse en el Señor. Los logros, la aceptación, la apariencia y las posesiones podrían darte identidad, significado y propósito por un tiempo. Sin embargo, te esclavizarán en el proceso y de decepcionarán al final. Hay más de nosotros con estas intenciones suicidas de lo que podemos imaginar. Estamos bebiendo de pozos secos y respirando algo que no es oxígeno, pero ni siquiera sabemos que estamos en proceso de morir.

Cuando te aferras a tu vida para garantizar que tendrás vida, destruyes cualquier posibilidad de experimentar y disfrutar la vida para la cual viniste a esta tierra. Esos gozos y placeres trascendentes para los que fuiste creado solamente están disponibles para ti al otro lado de tu muerte.

Quiero darte un ejemplo. En Mateo 6:19-34, Cristo enseña que vivir para mi propia provisión y placer lleva a la preocupación y la ansiedad. Y la preocupación nunca cambia nada en mi vida. Al final de una hora de ansiosa preocupación, ninguna de las cosas de las que me he preocupado ha cambiado siquiera un poquito. Sin embargo, la preocupación me cambia a mí. Es un cáncer en mi alma. La preocupación se come mi tiempo, mi descanso, mi fortaleza, mi valentía, mi esperanza, mi carácter, mis relaciones, mi propósito, mi adoración, mi gozo y mi satisfacción. Me digo a mí mismo que preocuparme protegerá mi vida, pero lo que realmente experimento es la muerte de muchas cosas buenas en mí. Aferrarme a mi vida es un plan condenado al fracaso. Es una enfermedad que es siempre terminal. Nunca funcionará.

Admítelo, te amas a ti y tienes un plan maravilloso para tu vida. Tu amado Señor lo sabe, también. Él sabe cuán fuerte y resiliente es tu lealtad para tu propia vida. Él conoce el poder de ese deseo personal de controlar, mantener, preservar y gobernar tu vida. Él sabe que este poder es tan fuerte que la muerte es la única solución. Mientras no entregues tu vida, siempre serás tentado a sustituir la vida verdadera de una adoración amorosa y obediente al Rey por algo más que no tiene la capacidad de darte vida.

LA PREGUNTA: ¿Y SI LO TUVIERAS TODO?

Recuerdo muy bien la escena. Era como si hubiera sido diseñada de este pasaje. En el centro había una casa bellísima, construida en lo alto de una colina, con toda una pared hecha de vidrio. Estaba rodeada de jardines cuidadosamente mantenidos, con árboles frondosos y flores hermosas. Llegué a conocer a cada una de ellas porque yo era el jardinero. También estaba la necesaria piscina y un vivero enorme. El garaje era muy grande, pero los vehículos lujosos estaban alineados en la entrada. No podía pensar en algo que este hombre no tuviera. Él era fabulosamente rico. Tenía poder y posición. Tenía tantas posesiones que no sabía qué hacer con ellas. Todo el pueblo se levantaba cada mañana bajo la emergente sombra de su mansión. Él lo tenía todo. ¡Pero era un hombre sin alma!

¿Podría haber algo más triste que un hombre viva, trabaje y tenga éxito, solo para perder lo único que es verdaderamente digno de vivir por ello? El problema del hombre en la colina no eran sus riquezas. El problema era que él vivía para sus riquezas, y entonces, se volvió sorprendentemente pobre en lo espiritual. **¡No hay inversión tan podre como la inversión en el reino del yo!** Qué traería de bueno llegar a ser la persona más rica del mundo y, aun así perderse de la única cosa para la cual naciste, lo cual es: intimidad con Dios y compromiso para su gloria?

Sé todo esto, sin embargo, una comida lujosa con mi esposa puede parecer más como la vida que dar ese dinero a la obra del reino de Dios. Y la aceptación de un amigo puede parecer una mejor vivencia que el amor del Señor. La acumulación de posesiones puede parecer funcionalmente más reavivante que mejorar mi carácter. Es muy fácil invertir tu vida en todo tipo de tesoros equivocados. Es muy difícil recordar que las cosas más importantes en la vida son las que no se ven. Mi empleador en la colina no había invertido bien su vida. Jesús diría que sencillamente no había ningún beneficio en la manera que este hombre había llevado su vida.

LA ADVERTENCIA: EL PELIGRO DE PREFERIR EL REINITO

En Lucas 9:26, Jesús está básicamente diciendo: "Avergüéncense de mí, y yo me avergonzaré de ustedes". ¿Qué significa eso? Avergonzarse de Jesús es preferir al mundo y lo que este ofrece. Significa negarle funcionalmente a Cristo el lugar que tiene derecho a tener en tu vida. Significa ofrecer el gobierno de tus pensamientos y deseos de tu corazón a algo que no es Cristo. Significa rechazar la oferta de vida de Cristo y busca para encontrar tu vida en otro lugar. Significa elevar el valor de los tesoros de este mundo físico y presente por encima del valor mucho más alto de conocer a Cristo.

Entiende, Cristo no está hablando sobre la teología que profesas creer, lo que escribiría en una declaración formal de fe. Más bien, Él está hablando de los tesoros o placeres que tanto te entusiasman y motivan que moldean todo lo que deseas, piensas, dices y haces. Y esta es la advertencia: "Niega mi lugar por derecho en tu vida, y yo te negaré un lugar conmigo en la gloria". Es una advertencia que nosotros, con nuestro corazón que rápidamente se desorienta, no deberíamos tomar a la ligera.

¿Estimas a Cristo los domingos, y sin embargo, inviertes la pasión y la acción de tu vida en otros tesoros durante la semana? Claro, tienes que trabajar, comer, descansar, invertir y relacionarte. El problema aquí se trata de qué gobierna tu corazón y prepara la agenda para tus decisiones y acciones.

UNA DULCE PROMESA

El llamado de Cristo *sí* parece difícil. "Niégate a ti mismo, toma tu cruz y sígueme". Pero este llamado difícil es en realidad el llamado de la gracia. Es realmente un medio de rescate. **Al llamarte a tu muerte, Cristo está realmente protegiéndote *de* la muerte.** Tu Señor sabe que tienes tendencias suicidas, así que Él no te dejará solo contigo mismo. Él sabe que tendrás la tendencia a ver la vida y mirar muerte y ver la muerte y mirar vida. Él sabe que te aferrarás con todas tus fuerzas a lo que no te pertenece y te negaras a abrir tus manos a lo que es un regalo. ¿Qué podría ser más horrible que obtener todo lo que quiero y perderme de la única cosa para la que fui predestinado? Su llamado a morir es realmente una oferta para una vida por encima de tus mejores sueños; una vida de gozo, satisfacción, propósito y placer que este mundo roto y triste nunca podría darte ni en sus mejores momentos. Encoger tu vida al tamaño de tu vida no es vida. Es muerte portando la máscara de vida.

Sin embargo, debido al amor infinito de Dios y a su gracia sublime, cada uno de sus llamados para nosotros está empacado en consuelo. Cada mandamiento es bienvenido, y cada ruego, teñido de misericordia. Escucha la invitación registrada en Isaías 55:1-2.

> Todos los sedientos, vengan a las aguas;
> Y los que no tengan dinero, vengan, compren y coman.
> Vengan, compren vino y leche
> Sin dinero y sin costo alguno.
> ¿Por qué gastan dinero en lo que no es pan,
> Y su salario en lo que no sacia?
> Escúchenme atentamente, y coman lo que es bueno,
> Y se deleitará su alma en la abundancia.

Hay una vida rica y satisfactoria que descubrir. Estos son deleites por conocer que trascenderán cualquier cosa que tú pudieras planear o lograr por ti mismo. Si eres hijo de Dios, tu vida tiene una relevancia y un propósito trascendente. Pero estas cosas nunca se hallarán en tanto sigas aferrándote fuertemente a tu vida. Isaías nos diría a cada uno de nosotros: "¿Por qué están trabajando tan duro por lo que nunca los satisfará? ¿Por qué están invirtiendo tanto en lo que nunca los llenará?". Esta vida maravillosa de significado, propósito y gozo trascendentes se halla en el otro lado de tu muerte. Es solamente cuando te niegas a ti mismo, tomas tu cruz y sigues a tu Señor que empiezas a experimentar la humanidad trascendente para la que fuiste creado.

ES SOLAMENTE CUANDO TE NIEGAS A TI MISMO, TOMAS TU CRUZ Y SIGUES A TU SEÑOR QUE EMPIEZAS A EXPERIMENTAR LA HUMANIDAD TRASCENDENTE PARA LA QUE FUISTE CREADO.

Recuerda, el llamado de Cristo para ti es un rescate. Al pedirte que te niegues a ti mismo y lo sigas, Él te está dando lo que tú nunca podrías ganar o lograr por ti mismo. No lo encontrarás en tu matrimonio, en criar a tus hijos, en acumular posesiones, en el cariño de los amigos, en el conocimiento teológico o en el lugar más hermoso. Cristo te ofrece lo que tú no puedes ganar y lo que la creación física nunca puede ofrecer: La gloria suprema de conocerlo a Él. Este es el mejor premio del mundo. Este es la mejor comida del universo. Esta es la única cosa que le dará significado a tu vida y te llenará de gozo duradero.

LA PREGUNTA FINAL: EN TUS SITUACIONES Y RELACIONES DIARIAS, ¿DÓNDE SE TE DIFICULTA NEGARTE A TI MISMO, TOMAR TU CRUZ Y SEGUIR A CRISTO?

¿DÓNDE ESTÁ TU ENFOQUE?

10

EL ENFOQUE EN JESÚS

en-fo-que: Un punto central de atracción, atención o actividad

EN RESUMEN: PARA QUE PODAMOS ENTENDERLO, LA VIDA DEL GRAN REINO ES UNA VIDA ENFOCADA EN JESÚS.

Pensaba que este nombre era un tanto malo para un ministerio, pero el concepto detrás del nombre se fortalecía dentro de mí; se llamaba: "el ministerio del enfoque en Jesús". De alguna manera este nombre lo dice todo porque se trata de nuestro llamado. Por la gracia de Dios hemos sido rescatados de una vida enfocada en nosotros. El pecado nos ha definido una tendencia para vivir enfocados en un poco más que los tesoros terrenales y las necesidades relacionadas con la ansiedad. Sin embargo, la gracia nos llama a vivir de una manera nueva y mejor, una manera que se enfoque en la persona, la obra y la voluntad del Señor Jesucristo. La gracia perfora los pequeños reinos que están saturados solo de nosotros y nos traslada a la amplitud del gran reino de Dios. El gran reino es grande *porque* se enfoca en Jesús, ahí, Jesús es el centro. Cuando Jesús deja de ser el centro y el enfoque varía, el gran reino se resquebraja en un millón de pequeños reinos solitarios sometidos a la norma del egoísmo. Vivir en el gran reino *es* vivir enfocados en Jesús. No obstante, ¿qué significa todo esto con exactitud?

Es la pregunta en la que hemos estado pensando los dos últimos capítulos, pero quiero profundizar más en esta definición. Mi preocupación en este punto es que nosotros los cristianos tendemos a hablar en código; usamos un lenguaje cuasi bíblico que puede nublar nuestra compresión en la misma magnitud que lo puede beneficiar. Recuerdo que en un retiro me dirigí a una audiencia con el tema de vivir en fe. Empecé pidiendo al grupo que definiera la palabra fe. La primera persona que contestó dijo: "significa creer", a lo que respondí: "¿qué significa creer?" Alguien más alzó la voz y dijo: "significa confiar" y volví a preguntar: "¿qué significa confiar?" Y la respuesta vino de vuelta: "significa tener fe". ¿Ves lo que sucedió? Usaron el lenguaje bíblico codificado para definir el mismo lenguaje bíblico codificado. Los términos eran totalmente conocidos porque los usaban constantemente, pero no lo eran porque los comprendieran. De hecho, a medida que seguíamos adentrándonos en nuestra conversación, quedó claro que solo unos cuantos en esa habitación tenían una definición precisa y funcional de la fe. Incluso el apóstol Pablo dijo: "el justo por la fe vivirá". ¿Qué podría ser más básico para un creyente que comprender la verdadera naturaleza de la fe bíblica?

> EL GRAN REINO ES GRANDE *PORQUE* SE ENFOCA EN JESÚS, AHÍ, JESÚS ES EL CENTRO.

Entonces, enfoquémonos mucho más en nuestra definición del gran reino, en la vida centrada en Cristo. Vivir en el gran reino es vivir con propósito, carácter, llamado, gracia y gloria del Señor Jesucristo como la motivación y la esperanza fundamental para todo lo que creas, desees, hagas y digas. Solo al vivir de esta manera volverás a experimentar la trascendencia para la cual fuiste creado y serás libre de esa atadura a ti mismo. Así también, vivir así te traerá significado y propósito y sin importar en donde Dios te ponga, ahí harás una diferencia real.

LA VIDA ENFOCADA EN JESÚS: EL MODELO

En el Antiguo Testamento encontramos un pasaje que define la vida en el gran reino, la que está enfocada en Jesús, y la define de forma clara y única. Por supuesto, es posible encontrar un pasaje centrado en Cristo en el Antiguo Testamento porque Jesús es el Señor, tanto del Antiguo como del Nuevo Testamento. Este pasaje se encuentra a mitad de las instrucciones finales que Dios dio a Israel cuando se preparaban para cruzar el río Jordán para llegar a la tierra prometida. Siempre que leo esta porción de la palabra de Dios, me imagino que es como aquella conversación que tienen los padres cuando van a dejar a su hijo a su primer año de universidad. Justo antes de marcharse, tratan de descargar en el cerebro de ese hijo el resumen de todas las instrucciones y valores fundamentales que han intentado inculcar en él o ella durante los últimos dieciocho años. Es una cosmovisión bíblica de una vida entera, una que incluye toda la teología, ética, apologética necesaria, ¡todo resumido en cinco minutos! Este pasaje es ese mismo contenido enriquecido.

> Y ahora, Israel, ¿qué te pide el Señor tu Dios? Simplemente que le temas y andes en todos sus caminos, que lo ames y le sirvas con todo tu corazón y con toda tu alma, y que cumplas los mandamientos y los preceptos que hoy te manda cumplir, para que te vaya bien. Al Señor tu Dios le pertenecen los cielos y lo más alto de los cielos, la tierra y todo lo que hay en ella. Sin embargo, él se encariñó con tus antepasados y los amó; y a ti, que eres su descendencia, te eligió de entre todos los pueblos, como lo vemos hoy. Por eso, despójate de lo pagano que hay en tu corazón, y ya no seas terco. Porque el Señor tu Dios es Dios de dioses y Señor de señores; él es el gran Dios, poderoso y terrible, que no actúa con parcialidad ni acepta sobornos. Él defiende la causa del huérfano y de la viuda, y muestra su amor por el extranjero, proveyéndole ropa y alimentos. Así mismo debes tú mostrar amor por los extranjeros, porque también tú fuiste extranjero en Egipto.

> Teme al Señor tu Dios y sírvele. Aférrate a él y jura solo por su nombre. Él es el motivo de tu alabanza; él es tu Dios, el que hizo en tu favor las grandes y maravillosas hazañas que tú mismo presenciaste. Setenta eran los antepasados tuyos que bajaron a Egipto, y ahora el Señor tu Dios te ha hecho un pueblo tan numeroso como las estrellas del cielo.
>
> —DEUTERONOMIO 10:12-22

LA GRAN PREGUNTA

Este pasaje empieza con una gran pregunta, el tipo de pregunta que cualquiera que esté comprometido a vivir conforme al gran reino pudiera hacer: "¿Qué te pide Dios?" Aquí no se trata de muchas acciones *nuevas y diferentes*, sino de responder a aquello que Dios ya ha puesto en tu vida de forma *totalmente nueva.* Pensemos en algunos ejemplos: ¿Qué te pide Dios como esposo o esposa? ¿Qué te pide Dios como padre? ¿Qué te pide Dios como amigo o vecino? ¿Qué te pide Dios como parte del cuerpo de Cristo? ¿Qué te pide Dios como ciudadano de tu comunidad, ciudad, estado y nación? ¿Qué te pide Dios como trabajador o como empleador? ¿Qué te pide Dios como un habitante del planeta tierra en el que vivimos? ¿Qué te pide Dios con relación a tus finanzas y posesiones? Tus respuestas a estas preguntas determinarán con autoridad la forma en que dirijas tu vida.

> TEMER AL SEÑOR SIGNIFICA QUE ESTE ASOMBRO DE ADORACIÓN ES EL ÚNICO MOTIVADOR INDISCUTIBLE DE TODO LO QUE PIENSO, DESEO, DIGO Y HAGO.

Pensemos en la respuesta triple de Deuteronomio a esta pregunta fundamental, la cual se concentra en tres palabras profundas: *que temas, que actúes y que ames.*

Temor. ¿De qué se trata el "temor al Señor"? Este es un llamado oportuno para enfrentar nuestra forma cómoda de ver el cristianismo, en la que mi petición es que cubra mis necesidades o que sea mi mejor amigo. Temer al Señor significa que cada día mantengo conciencia, asombro y reverencia por el poder, santidad, sabiduría y gracia de Dios de tal forma que no podría pensar en hacer nada más que en vivir para su gloria. Temer al Señor significa que este asombro de adoración es el único motivador indiscutible de todo lo que pienso, deseo, digo y hago.

¿Qué significa tener una vida centrada en Cristo? Significa que el temor del Señor, más que el temor a cualquier otra cosa establece una agenda para nuestras acciones, reacciones y respuestas. Esta es la esencia de una vida en el gran reino. El reino del yo se deja llevar por todo tipo de temores: temores humanos, de incomodidad o dificultad, de fracaso, de que las cosas no se hagan a nuestra manera, etc. Aquí el principio es que, si en nuestro corazón no tememos a Dios, tampoco será el dueño de nuestra vida. Tu vida y la mía se caracterizan porque evitamos aquello que nos atemoriza. Si nuestro temor más grande es desagradar a Dios porque nuestro corazón ha quedado prendido por una admiración profunda, de adoración y de amor por Él, nuestra vida tomará nuevos senderos.

Actuar. La vida del gran reino, la que está centrada en Cristo, no es aquella que se enfrenta con una actitud de corazón, sino aquella que ha adquirido una forma de vida diferente. Tener una vida centrada en Dios ya no es parte de un misterio opaco. Dios nos ha entregado su palabra como una guía funcional de nuestra vida diaria. No nos turbamos de lo que significa ser un vecino, padre, esposo, amigo, trabajador o ciudadano centrado en Dios. No nos preocupamos por lo que significa manejar nuestras posesiones, finanzas, aflicción, ira, oportunidades y responsabilidad en una forma piadosa. No estamos confundidos acerca de lo que haremos con nuestro pensamiento, sobre qué debería controlar nuestros deseos o dónde deberíamos poner nuestra esperanza. Por medio de su palabra, Dios ha revelado con exactitud su voluntad para nuestra vida diaria. Nuestra labor principal en la vida no se trata de descubrir el misterio, sino de obedecer lo que ya nos ha sido revelado. Nuestro trabajo, desde el momento en el que despertamos, no es imaginarnos cómo nos gustaría reaccionar ante lo que tenemos en nuestro plato. Los mandamientos, directrices y principios de la palabra de Dios tienen como propósito guiarnos para saber cómo vivir para servirle.

Amar. La diferencia fundamental entre vivir en el gran reino y vivir en el reinito es lo que ha captado el amor de nuestro corazón. Recuerda que Cristo lo dijo cuando cumplía con su ministerio en esta tierra, el reino de Dios no es un punto físico. No podrías decir: "Querida, temprano mañana nos levantamos y vamos a ir a visitar el reino de Dios para estar ahí durante el día". Jesús dijo: "El reino de Dios está dentro de ti". Los dos reinos, el grande como el pequeño, son reinos que están en el corazón. El gran reino se compone del amor profundamente agradecido con Dios, mientras que el pequeño se limita al amor a uno mismo. Cuando la condición espiritual verdadera revela que yo, en realidad, me amo más que a cualquier cosa o persona, lo que estoy haciendo es que el tamaño de mi cuidado y preocupación, del sacrificio y la disciplina, de las esperanzas y los sueños se reduce al tamaño de mi propia vida. Si amo a Dios más que a cualquier persona o cosa, estaré extendiendo mucho más los límites de mis propios deseos y necesidades, llevándolos a la amplitud del reino de Dios donde estén presentes la redención y restauración absolutas, a la orden del día, cada día. Tanto la vida en el gran reino como la del pequeño se basan en quién o qué posee tu amor.

SI AMO A DIOS MÁS QUE A CUALQUIER PERSONA O COSA, ESTARÉ EXTENDIENDO MUCHO MÁS LOS LÍMITES DE MIS PROPIOS DESEOS Y NECESIDADES, LLEVÁNDOLOS A LA AMPLITUD DEL REINO DE DIOS DONDE ESTÉN PRESENTES LA REDENCIÓN Y RESTAURACIÓN ABSOLUTAS, A LA ORDEN DEL DÍA, CADA DÍA

Cuando sientes celos contra un compañero del trabajo, ¿a quién pertenece tu amor? Cuando discutes con tu cónyuge, ¿a quién pertenece tu amor? Cuando haces algo solo por recibir la aceptación de otra persona, ¿a quién pertenece tu amor? Cuando te deprimes porque tus planes se ven frustrados, ¿a quién pertenece tu amor? Cuando te aletargas frente a demasiada computadora o demasiada televisión, ¿a quién pertenece tu amor?

Cuando das algo a cambio de tu propia necesidad, ¿a quién pertenece tu amor? Cuando decides no tomar partido en algo, sino ser un pacificador, ¿a quién pertenece tu amor? Cuando en lugar de vengarte concedes misericordia, ¿a quién pertenece tu amor?

ALGO QUE DEBEMOS RECORDAR

En este modelo de vida centrada en Cristo, la gran pregunta (¿Qué pide Dios de mí?) va seguida por un recordatorio importante: **La vida en el gran reino siempre nos impulsa a mantener el pensamiento en el Señor.** Es sorprendente que lo que olvidan los pecadores es al Señor. Nuestros pensamientos pueden verse dominados por las tareas cotidianas que son necesarias, por las dificultades que enfrentamos y por las personas a nuestro alrededor hasta el punto de que perdemos la conciencia del Señor de la gloria que nos ha acercado a los propósitos que trascienden para el universo. También puede suceder que nuestro día se ve secuestrado por deseos ansiosos y todas esas posibilidades generadas por la preocupación. Vivir en el gran reino empieza verdaderamente con mantener nuestro pensamiento en el rey. No se trata de un ejercicio místico e inmaterial para aquellos que son sumamente espirituales, sino que es un acto de adoración que todos podemos entender. Se trata de amar a Dios mucho más que a los proyectos que tengo en mi calendario digital. Se trata de atender más a su gloria que a mi programación. Se trata de tomar acción para que su gracia se esparza y su fama se conozca más que atender la próxima venta, el próximo ascenso, una casa inmaculada o una comida divertida con mis amistades. Cuando inicies tu día, pregúntate: ¿qué llena los ojos de tu corazón? ¿Qué es aquello que "no ves" pero que te atrae y te motiva? ¿Ves a Dios? ¿Te sientes atraído a Él? ¿Deseas que tu día sea su día? ¿Reconoces su gracia, poder y soberanía en tu vida?

Regresemos a Deuteronomio 10. El versículo 14 en la versión de La Biblia de Las Américas empieza con la frase "He aquí", que es una manera formal de decir "¡Vean!". Y estos son los puntos que el autor enfatiza acerca del Señor.

1. Todo en los cielos y en la tierra le pertenece a Él. Este mundo realmente es de *Él.* En ningún momento debiera vivir como si el mundo fuera mío.
2. Tú eres quien eres y lo que eres por su gracia (versículo 15, LBLA: "El Señor se agradó de tus padres").
3. Tu Dios gobierna de forma poderosa sobre gobernantes (versículo 17, LBLA: "Porque el Señor vuestro Dios es Dios de dioses y Señor de señores, Dios grande, poderoso y temible").
4. Dios es el Señor de justicia, de amor y misericordia (versículos 18-19: "Él hace justicia al huérfano y a la viuda, y muestra su amor al extranjero dándole pan y vestido. Mostrad, pues, amor al extranjero, porque vosotros fuisteis extranjeros en la tierra de Egipto").

¿Cómo sería la vida diaria que "ve" al Señor? Significaría que todo lo que tengo, lo que podría tocar o experimentar no está en mis manos para mi propio uso, sino que le pertenece al Señor para que Él lo use. Significaría caminar a través de la vida sin quejarme por aquello que no tengo, sino vivir con una gratitud inmensa por todo lo que tengo que no merezco. Significaría vivir con esperanza y valor, no porque ya cuente con mi propia base de poder, sino porque descanso en el poder de mi Señor y en el éxito garantizado de todo lo que Él ha prometido. Eso significa que tomaré un compromiso mayor que solo sobrevivir, llegar a una satisfacción y felicidad personal. Así como Él, me comprometeré a tener una vida de justicia, amor y misericordia. No permitiré que el tamaño de mi atención y preocupación atrofie el tamaño de mi propia vida.

Permanecer en el Señor es una de las disciplinas fundamentales para vivir en el gran reino, para vivir centrados en Cristo.

EL LLAMADO

Podemos concluir con que la gran pregunta y el recordatorio de Deuteronomio 10 van seguidos de un llamado a la actitud del corazón. Recuerda, la guerra entre los reinos, el pequeño y el grande, es una guerra por el corazón. El temor y el amor que gobierna tu corazón transformarán tu vida. ¿No te motiva saber que la promesa brillante de la obra de Jesús es un corazón nuevo? Porque Cristo vivió, murió y resucitó es que tenemos esa gracia que transforma los corazones y que está disponible para ti. Por ello, es totalmente razonable que este pasaje que nos llama a dejar las intenciones de nuestro reinito también nos llame a un estilo de vida que transforme la condición del corazón.

LA PREGUNTA FINAL: ¿EN QUÉ SE ENFOCAN LA ENERGÍA Y LAS INTENCIONES DE TU VIDA?

¿QUÉ TE IMPULSA A CLAMAR CON GEMIDOS?

11

CLAMORES Y GEMIDOS

sa-tis-fac-ción: La aceptación establecida de que algo es satisfactorio, correcto, confiable o verdadero

EN RESUMEN: DE ESTE LADO DE LA ETERNIDAD, SEGURAMENTE HABRÁ INSATISFACCIÓN EN TODOS NOSOTROS POR LA NATURALEZA DE LO QUE EXISTE

Estaba de pie en la entrada de su casa mientras veía que los niños esperaban el bus para su primer día de escuela cuando le llegó un pensamiento de golpe: tenía todo lo que había deseado. Tres días antes, ella y Brent habían regresado a casa con los niños de una semana maravillosa en la playa. La hortaliza que se encontraba en la parte trasera de su casa campestre de 150 años estaba repleta de vegetales listos para cosecharse. Brent tenía un trabajo excelente, además de que era muy habilidoso para las reparaciones de la casa, y sobre todas las cosas, era el mejor amigo de Kat. El sector de la pequeña ciudad en que vivían parecía sacado de una película de la década de los 50, además de que vivían a solo 30 millas de la gran ciudad en donde podían conseguir todo lo que quisieran o necesitaran. También era un lugar que tenía todo el arte y la cultura que hubieran querido disfrutar.

Kat tenía un círculo de amigas cercanas. Todas ellas eran aproximadamente de su edad y tenían hijos de las edades similares a las de los suyos. Disfrutaba muchísimo la reunión de todos los martes: la tarde de juegos. Mientras los niños revoloteaban en el jardín de alguien, ella y sus amigas hablaban, reían y compartían durante horas. Ahí de pie, donde se encontraba, se imaginaba a Josh, Evan y Cassie, parecían la familia perfecta.

Las ganancias que obtuvieron de su unidad habitacional, ubicada estratégicamente en la ciudad, les permitió comprar la casa campestre de sus sueños, pero también les permitió restaurar completamente el interior. La acogedora terraza de entrada tenía muebles blancos de mimbre y se había convertido en el retiro vespertino, cuando el clima lo permitía. También amaba la hortaliza. En la ciudad apenas había podido mantener con vida un par de plantas, pero ahora, ¡realmente comían vegetales que ellos mismos habían sembrado y cosechado!

A medida que el bus se alejaba, Kat, totalmente perdida en sus pensamientos, se sentó en una de sus sillas de mimbre. Su mente se enfocó en Brent. Recordó la noche en que lo conoció, una escena extraña cuando alguien derrama su soda en alguien más y así se conocen. Le encantó el sentido del humor que Brent demostró esa noche, por lo que accedió a verlo de nuevo. Hacía poco que Kat había sufrido una desilusión y no estaba muy interesada en tener una relación; sin embargo, accedió a salir con Brent porque la hacía reír. La relación no era perfecta, pero Kat sabía lo que algunas de sus amigas estaban pasando en sus matrimonios y sabía que tenía mucho por lo que debía estar agradecida. Sonrió mientras pensaba en Brent. Seguro que estaba enfrente del espejo con un divertido bóxer de canguros, afeitándose lo más rápido que pudiera para ponerse la ropa encima e irse hacia su oficina en la ciudad. Sonrió sabiendo que en unos minutos correría por la entrada, con un café tibio en la mano, la corbata torcida y tarde como de costumbre. Al darle un beso rápido de despedida a Brent, también se sentía agradecida de que él hubiera encontrado su pasión y que estuviera viviendo un éxito real en su trabajo.

Recibió una llamada del grupo de cadena de oración, eso la hizo pensar en la pequeña iglesia del pueblo a la que habían decidido congregarse. El edificio que estaba justo a un lado de la plaza del pueblo era digno de una postal. Aunque el pastor no era el mejor locutor, era una persona cálida y la iglesia estaba a una distancia conveniente para ellos. Había disfrutado la organización de la sala cuna. Pintó y decoró el salón que emanaba nueva vida cada domingo porque se llenaba de bebés y madres jóvenes. Kat y Brent nunca habían asistido a una iglesia tan pequeña como esta, pero la atmósfera familiar había compensado con creces los muchos programas y actividades que la gran iglesia de la ciudad ofrecía. Podía ver el campanario desde su terraza de entrada y pensó que cuando los niños crecieran, posiblemente serían parte de la tradición del pueblo y caminarían a la iglesia los domingos.

De pronto, Kat recordó que tenía muchas tareas por completar antes de reunirse con Brent en la ciudad para salir a cenar y a ver una obra de teatro. Tomó su taza de té y entró a limpiar el torbellino matutino que los niños siempre dejaban desde que se despertaban hasta que salían por la puerta cada mañana. Incluso con todas las tareas diarias que tenía por delante, Kat pensó en lo mucho que amaba su vida.

UNA SATISFACCIÓN MUY SIMPLE

Kate cree que está bien ser agradecida por las bendiciones de Dios en su vida, pero hay algo equivocado en la forma en la que Kat reacciona ante las bondades, algo que justo toca el centro de lo que significa vivir en el gran reino.

Es verdad que Dios creó todo lo que Kat disfruta ahora. Todos son obsequios directos de las manos llenas de gracia de Dios y cada obsequio es bueno por sí solo. De alguna forma, incluso es hasta saludable para Kate llegar a esa medida de llenura. Sin embargo, aquí está el problema que se oculta en esta escena idílica.

Desde el exterior se observa que la vida de Kat y Brent es una vida piadosa. Es evidente que no están quebrantando ninguno de los mandamientos de Dios. Han forjado una relación bastante saludable. Los dos participan en la iglesia, buscan enseñar a sus hijos en el camino del Señor, no están en conflicto constante ni están sumergidos en deudas, y hasta tienen una relación cordial con los vecinos. A pesar de ello, existe algo que no está nada bien en esta escena. Quizás lo que parece ser piadoso es un tanto impío después de todo. Ser impío no se trata de cometer una gran cantidad de pecados, sino de encontrar llenura afuera de Dios, acción que nos impulsa a cometer una infinidad de pecados del corazón.

SER IMPÍO NO SE TRATA DE COMETER UNA GRAN CANTIDAD DE PECADOS, SINO DE ENCONTRAR LLENURA AFUERA DE DIOS, ACCIÓN QUE NOS IMPULSA A COMETER UNA INFINIDAD DE PECADOS DEL CORAZÓN.

El problema con Kat es que ya *tiene* una vida plena. No se percibe descontento ni insatisfacción. Y aunque realmente es una mujer cristiana, no hay pruebas de que su contentamiento esté relacionado con el reino de Dios. Kat está fascinada al ver que los sueños de su reinito se han convertido en realidad. El problema es que no hay clamor ni gemidos en su vida.

TIEMPO DE CLAMOR

Hemos escuchado que algunos han dicho que entre nuestro acercamiento a Cristo y la entrada al reino final existe un lenguaje que caracteriza al cristiano durante ese período: el clamor con gemidos. Pablo lo explica de esta forma en Romanos 8:22-25:

> Sabemos que toda la creación todavía gime a una, como si tuviera dolores de parto. Y no solo ella, sino también nosotros mismos, que tenemos las primicias del Espíritu, gemimos interiormente, mientras aguardamos nuestra adopción como hijos, es decir, la redención de nuestro cuerpo. Porque en esa esperanza fuimos salvados. Pero la esperanza que se ve ya no es esperanza. ¿Quién espera lo que ya tiene? Pero, si esperamos lo que todavía no tenemos, en la espera mostramos nuestra constancia.

Observa la lógica de este pasaje. Se *supone* que debemos clamar y gemir por aquellas promesas que todavía no se han cumplido. El gemido es ese clamor para que la llegue la expresión total del reino de Dios. Se supone que debemos clamar con gemidos porque todavía no llegamos al nivel de quien deberíamos ser: esas personas por quienes Dios derramó la sangre de su hijo. Se supone que gemimos porque los placeres temporales de este mundo físico no son nuestra satisfacción; siempre dejan un vacío en nuestro corazón. Se supone que gemimos porque en todo lo que pasa, cada situación y circunstancia, vemos el daño presente y futuro del pecado. Se supone que gemimos porque nos damos cuenta de que cedemos ante la tentación y buscamos en el mundo físico aquello que encontraremos únicamente en el Señor, solo en Él encontraremos esa llenura que durará una eternidad. En este lado de la eternidad, los clamores y gemidos están destinados a ser el lenguaje característico del gran reino. Cuando gemimos por estas razones, entendemos el significado. Estos clamores y gemidos solo están presente en las personas que someten los deseos de su reinito a los intereses del gran reino.

EN ESTE LADO DE LA ETERNIDAD, LOS CLAMORES Y GEMIDOS ESTÁN DESTINADOS A SER EL LENGUAJE CARACTERÍSTICO DEL GRAN REINO.

LAS PEQUEÑECES Y LA SATISFACCIÓN

El problema de Kat no es la falta de agradecimiento. El problema es que su satisfacción es muy simple y que, al estar agradecida por eso, inadvertidamente escoge que su vida se quede con el tamaño que tiene. Sí, está comprometida a vivir como la Biblia dice que viva, pero dentro de los límites de este tipo de vida que se ha declarado abiertamente como una vida cristiana, falta algo. El gemido de la redención, que es el clamor de angustia de los hijos de Dios que refleja Romanos 8, es el que está totalmente ausente en la vida de Kat. Lo impactante aquí es que cuando empezamos a escarbar debajo de la superficie, la satisfacción de Kat no tiene nada que ver con el Señor, entonces; simplemente no es una satisfacción piadosa.

Examinemos la satisfacción de Kat.

La llenura temporal del mundo físico, el actual, el que vemos. ¿Cuál es la fuente de la llenura de Kat? Es el lugar en donde pudo adquirir y vivir todo aquello que soñó en este mundo físico. Tiene la casa campestre en el pueblito pintoresco. Está casada con un buen hombre, trabajador y de buen parecer. Tiene tres hijos saludables y una hortaliza en la parte posterior de su casa. Tiene al alcance el arte y la cultura que desea tener en la gran ciudad, la cual está a solo media hora de donde vive. Tiene un círculo divertido de amistades que la acompañan sin objetar. Sus cuentas están al día y tiene alimentos suficientes en su alacena.

Sin embargo, todo lo mencionado no fue diseñado para ser la fuente de la llenura personal de Kat. Debajo de esa apariencia de fe, la satisfacción de Kat está muy pobremente relacionada con Dios y con lo que Dios quiere para su pueblo. Todo tiene que ver con lo que Kat quiere y del hecho de que ha podido lograrlo. Está viviendo su reinito justo en el centro del gran reino en el que Dios la ha acogido con tanta gracia. Si algo le sucediera a Brent, si perdiera su trabajo y si tuvieran que vender la casa, o si alguno de sus hijos se enfermara, esa sensación de gozo y bienestar interno desaparecería de inmediato. Su satisfacción no es piadosa porque no es una satisfacción bajo la tutela de Dios. Si vieras la vida de Kat como que fuera un video, te darías cuenta de que no hay señales de que esté viviendo para algo mayor que ella misma. No está expectante por lo que no se ha cumplido. No hay un sentimiento profundo de añoranza de ver finalizada la obra que Dios comenzó, sigue trágicamente incompleta. No actúa como alguien con dolores de parto, alguien que tiene esos dolores antes de lo que ha de venir. No, Kat está satisfecha con lo físico que ha podido ir recolectando aquí y ahora, ese es su problema.

El trabajo de la redención, a medias. Por una parte, Kat está agradecida de ser cristiana y de haberse casado con un hombre cristiano. Está agradecida por lo que ha llegado a creer y por los principios que la guían en la vida. Pero nuevamente, vemos que está muy satisfecha. El video de Kat no revelaría a una mujer que se examina, se esfuerza, trabaja y ora para crecer. En lugar de ello, se siente completamente satisfecha con la obra que Dios empezó en ella, aunque todavía no esté completa. El crecimiento espiritual no es tan importante en la agenda de Kat. Claro que sí va a la iglesia y al estudio bíblico de mujeres. También está feliz porque su esposo es cristiano, pero el fervor personal de crecer más en el Señor, en carácter y en fe, es diminuto. Kat está satisfecha con el trabajo a medias de la redención en su propia vida.

Lo mismo sucede con Kat cuando observa el mundo que la rodea. Claro, como otras personas, también se quejará de cuán egoísta puede ser la gente, de la corrupción en la política y de los problemas internos de la ciudad. De vez en cuando derramará lágrimas al ver la historia de niños hambrientos en África o los desastres que ha dejado una tormenta. No obstante, simplemente no ve su mundo con los ojos del gran reino. Kat no clama con gemidos por su mundo porque está muy satisfecha con él. No tiene que pelear con el tránsito, tiene una buena tienda de abarrotes cerca, el alcalde de su ciudad es su vecino y es buena persona, además, su propiedad es lo suficientemente grande para no tener que esforzarse para llevarse en paz con los vecinos. Kat no clama con gemidos por su mundo porque lo ve con ojos de su reinito. Aunque su mundo está muy lejano del gran reino verdadero, es ese pequeño mundo el que es útil para Kat, y ella se siente bien con ello. Casi no sabe nada del gran reino que gime, nada del lenguaje característico del que nos habla Romanos 8.

Una comunidad superficial que se satisface mutuamente. Nuevamente, al ver el video de la vida de Kat, verías que comparte con una variedad de relaciones. Ninguna de ella parece ser una relación enfermiza ni conflictiva. Pareciera que da a las relaciones el significado que la Biblia les da. No obstante, para Kat las relaciones son el objetivo, no los medios para llegar al objetivo. Para ella, las personas en su vida son más una fuente de felicidad personal que una herramienta que Dios usa para seguir la buena obra que ha empezado en ella y en los demás. Debido a ello, Kat vive en una red de relaciones que con frecuencia se van a lo superficial. Hablarán del clima, de recetas, de actividades, de política y de lo que sucede con sus hijos. Considera que las relaciones más profundas son muy intensas y requieren demasiado esfuerzo, por lo que está agradecida de que las personas en su vida sepan respetar estos límites.

Nuevamente, el problema no es que Kat esté insatisfecha con sus relaciones. De hecho, encuentra satisfacción muy fácilmente. Kat ha tejido un manto de relaciones del reinito alrededor de ella. Estas relaciones tienen muy poca, o ninguna, conexión con Dios, con el plan que tiene para Kat y sus planes sobre la tierra. Son parte de esa expedición que solo busca una vida libre, poco exigente, entretenida y feliz. Al parecer, Kat está completamente ciega, no puede ver la gloria que trasciende, esa gloria que experimentaría si gimiera por esas relaciones que se conducen más por los propósitos del reino de Dios que por los deseos de un reinito. Es evidente que Kat está satisfecha en una medida corta y puede notarse porque no clama ni gime por sus relaciones. Cuando buscas el plan de Dios para tus relaciones clamarás con gemidos, y lo harás porque te sentirás confrontado de lo lejos que tú o tus relaciones están de lo que Dios dice que es bueno y mejor. Ir en busca de relaciones del gran reino te regresará tu objetivo y te hará clamar por ayuda, la ayuda que solo Dios puede darte. Como Kat, tu satisfacción puede ser muy simple, una satisfacción dada con relaciones divertidas y superficiales.

LA LLENURA QUE SOBREPASA

¿Dónde se consigue la máxima llenura, satisfacción y contentamiento? En Dios, solo en Dios. **Vivir en Dios realmente llena, pero cuando no encontramos plenitud en Él es porque estamos muy ocupados sintiéndonos satisfechos con los placeres temporales del mundo físico.** Antes de acercarnos a Dios ya hemos decidido lo que queremos para sentirnos llenos. La tendencia es que buscamos a Dios para que Él nos proporcione cierto tipo de llenura física, relacional o circunstancial. Dios, en lugar de trabajar para satisfacer nuestros deseos, desea que experimentemos una sed tan grande que nos lleve a abandonar todos esos deseos y que finalmente encontremos nuestra satisfacción en Él.

Como ves, Dios *sí* creó todos los deseos, los cuales *no* son malvados por sí solos. Existen principalmente para la gloria de Dios y después, para nuestro deleite, pero nunca deben convertirse en la satisfacción de nuestro corazón. Kat no gemía ni clamaba. Encontró satisfacción temporal en las cosas físicas, en las relaciones y en las circunstancias alrededor de ella, lo que provocó que su vida se encogiera al reducido tamaño que tiene ahora.

Vivir en el reinito es vivir con las satisfacciones e insatisfacciones del mundo en el que vivimos. Es buscar constantemente lo que creo que necesito, lo que creo que me llenará. A diferencia de encontrar satisfacción en conocer y servir a Dios en sus propósitos, estos placeres superficiales serán el resultado de cosechar un mal fruto. Lo terrenal nunca me dará satisfacción verdadera, solo me dejará con más peso, sin salud y enganchado a querer más; me dejará amargado, herido y desilusionado, también enojado, exigente y controlador. Dejarnos llevar por el deseo de los placeres del reinito dejará lastimados nuestro cuerpo y alma.

Entonces, lo que necesitamos es redefinir el término impío. La impiedad es cuando mi vida está tan dominada por el deseo de los placeres presentes que mi corazón nunca permanece dentro de los límites de Dios. Buscar la satisfacción de lo que puedo ver, tocar, saborear, escuchar o sujetar con mis manos siempre me impulsará a cometer esa infinidad de pecados del corazón y del comportamiento.

LA VIDA DEL GRAN REINO ES EL CONFLICTO ENTRE UNA GRATITUD PROFUNDA Y UN GEMIR DIARIO.

La vida del gran reino es el conflicto entre una gratitud profunda y un gemir diario. Me siento agradecido porque he sido rescatado y paulatinamente he sido liberado del cautiverio para ver las promesas que no se han cumplido en la tierra física.

Me siento agradecido porque aprendo a mantener la creación en su lugar apropiado. Sí, me siento agradecido por las bellas flores, por los dulces aromas y por el sabor exquisito de la comida bien preparada. Me siento agradecido por las muchas personas que están en mi vida, por los atardeceres y los ríos, por las montañas y los animales. Me siento agradecido por todo lo que refleja la gloria de Dios en alguna manera, pero, sobre todo, me siento agradecido de que Dios ha destruido el poder que estas cosas tenían en mí y que me enseña a no verla como la satisfacción de mi alma.

Junto al agradecimiento también clamo. Clamo por este mundo que está quebrantado, porque no existe lugar donde deje de verse quebrantamiento. Clamo porque todavía no me falta por llegar al nivel que la gracia de Dios me permite. Clamo porque ansío que el reino de Dios venga. Clamo porque he saboreado los placeres de esta tierra y no me han dado satisfacción. Clamo para que, entre todas las cosas, no haya un solo día en el que deje de clamar con gemidos.

Pablo tenía razón, el clamor con gemidos es el lenguaje característico de los hijos de Dios. Este gemir que engrandece todo lo que tocas, lo engrandece a la medida del reino de Dios.

LA PREGUNTA FINAL: SÉ HONESTO. ¿QUÉ TE HACE CLAMAR CON GEMIDOS?

¿COMPONES MELODÍAS CON EL REY?

12

JAZZ

ar-mo-nio-so: Agradable y sonoro; que tiene armonía o correspondencia entre sus partes

EN RESUMEN: DIOS NOS LLAMA A TENER UNA VIDA INTERACTIVA Y VERTICAL QUE SEA ARMONIOSA CON ÉL, MOMENTO A MOMENTO.

Nunca olvidaré esa noche. Junto con mi hermano Tedd, llegamos al salón de la Universidad de Toledo a escuchar mi primer concierto de jazz. Tocarían los *Ramsey Lewis Trio*, que eran el grupo de jazz más popular del momento. He de decir que no estaba preparado para lo que iba a presenciar esa noche. En el área musical, ¡esa noche cambió mi vida!

La noche empezó con Ramsey Lewis tocando el piano, ejecutó una canción que era conocida por toda la audiencia. Debo admitir que me sentí algo decepcionado. Nunca había escuchado a los Ramsey Lewis Trio y Tedd me había hablado muy bien de ellos, además, habíamos pagado mucho por los boletos. Ramsey Lewis hacía lo suyo durante la primera pieza de esa tonada conocida mientras yo pensaba: *¿Qué es esto? ¿Por esto hablaban tanto de ellos? ¡Todo esto lo pude haber oído en cualquier estación de radio local!* Pero de repente, cuando el trío entraba en esta pieza, algo sorprendente pasó. Parecía que los tres miembros del grupo empezaban a moverse en diferente dirección. Aunque seguían tocando la misma canción, dejó de sonar como esa canción. A pesar de ello, no sonaba disonante, caótico o discordante, ¡funcionaba! De alguna manera, aunque cada uno se dedicaba a ejecutar sus propias notas, seguían ensamblados. Sonaba sorprendente, fresco, creativo, pero también armonioso.

Como puedes ver, no era que se hubieran rebelado en contra, ni que hubieran abandonado la canción. Tenían un compromiso unificado con ese tema, lo que logró una obra musical. Cada uno de ellos ejecutaba con diligencia y esmero su instrumento y eso evitaba que tocaran para echar a perder la melodía y llegar a un caos musical individualista. Aunque lo pareciera, no iba cada quien por su rumbo, sino que estaban comprometidos en la ejecución del jazz. Ese era el compromiso, que cada uno ejecutara su instrumento en una forma diferente, una forma en la que mantuviera la música intrínseca e impredecible, pero a la vez, de una manera hermosa. El jazz no es una música que desobedece las reglas y donde puedes hacer lo que quieras. Lo que engrandece la obra del jazz es que es gloriosamente impredecible y creativa, al mismo tiempo que quien toca esta música se somete a un grupo de reglas.

Tenía una estructura musical definida, podrías decir que se trataba de un grupo de reglas que cada miembro del trío respetaba al momento de ejecutar. Aunque no seguían todas las notas en el pentagrama, todos se mantenían en la estructura de la melodía (la clave, el compás, etc.) de forma que combinaban esfuerzos unificados y de forma estimulante. Claro, eran libres para ser creativos, para ir y tocar en otra dirección, para aplicar su propio estilo a la estructura del instrumento específico, todo era posible, siempre que se mantuvieran en los parámetros musicales de la melodía.

Esa noche tuve una experiencia que ampliaría mi mente en cuanto a la forma y la libertad. Fue la música más liberadora, elevada, impredecible que pude haber vivido porque se sometía a una forma que la hacía funcionar. Lo que no entendí esa noche y que tristemente descubrí hasta décadas después, era que lo que viví en ese salón de la Universidad de Toledo estaba relacionado íntimamente con el reino de Dios.

EL REINO MUSICAL

Dios es el músico por excelencia. Su música transforma tu vida. Las notas de la redención reacomodan tu corazón y restauran tu vida. Sus melodías de perdón, gracia, reconciliación, verdad, esperanza, soberanía y amor te devuelven la humanidad y restauran tu identidad. No obstante, nos ha pedido que no ejecutemos su música nosotros solos, sino que nos ha llamado a cada uno a ser músicos en su gran banda de redención. Nos llama a ejecutar y entonar las notas de esperanza, fe, perdón y amor. Nos llama a dejar de lado nuestra propia música para tomar la suya. Nos llama a dejar de ser los compositores y a empezar a someternos. Nos llama a ejecutar su música en armonía con Él y cuando lo hacemos el reino viene a nuestra vida.

Dios no tiene el compromiso de respaldar nuestras composiciones. No está buscando formas para ayudarnos a ser felices con nuestra propia música. Él no se emociona si encontramos novedades que podríamos sentir que nos llegan musicalmente. Dios sabe que la música propia que cada uno toca por su lado tiene una gran imperfección: ¡Que nosotros la escribimos! Nuestra música se deteriora y nunca llega a las alturas de su diseño y es por una razón: porque se ejecuta en una estructura que está fuera de Dios. Y de esa manera, nuestra música nos lastima y no puede sanarnos, nos divide y no puede reconciliarnos, nos condena y no puede perdonarnos, lucha contra el mismo compositor, el Príncipe de paz.

Sin embargo, Dios no nos arrebata el instrumento ni nos lanza a un lugar donde la música no exista. Por su gracia, perdona nuestro enorme individualismo delirante y, al contrario, nos invita a hacer música con Él. Su gracia nos da la capacidad de ejecutar esa música como nunca la hubiéramos tocado por sí mismos. La música que ahora ejecutamos es mucho más bella que cualquiera melodía que hubiéramos tocado antes. Es tan bella que pareciera que Él ejecuta la música a través de nosotros, usando toda su creatividad y destrezas.

A pesar de que disfrutamos ser parte de esta banda de redención, todavía caemos en los sueños propios de ser compositores. Incluso después de presenciar la gloria de la música de redención, ahí donde tocamos como orquesta como nunca pensamos que hubiera sido posible, corremos huyendo de Dios llevando sus instrumentos y tocando notas discordantes, autónomas y egoístas. Seguimos dándonos espacio para tocar las notas que nosotros escribimos, exactamente en la forma en la que nosotros queremos tocar. Hay momentos en que nuestros oídos se engañan y creemos que nuestra música es más bella que la de Dios. A veces nos cansamos de los cantos de redención y anhelamos escuchar nuestras propias notas. También existen esos otros momentos en los que creemos que nos satisface tomar nuestro propio instrumento y hacer sonar lo que queremos que suene.

HAY MOMENTOS EN QUE NUESTROS OÍDOS SE ENGAÑAN Y CREEMOS QUE NUESTRA MÚSICA ES MÁS BELLA QUE LA DE DIOS. A VECES NOS CANSAMOS DE LOS CANTOS DE REDENCIÓN Y ANHELAMOS ESCUCHAR NUESTRAS PROPIAS NOTAS.

Es en este punto donde vemos que con frecuencia necesitamos que el gran compositor silencie nuestra ejecución por un momento para que nuestros oídos perciban con sabiduría la falta de belleza y armonía en las notas que hemos tocado. Y nuevamente, Dios nos perdona y nos invita a ejecutar las dulces notas de redención, las notas que nos permiten ensamblar una música armoniosa con él.

EL REINO DEL JAZZ

Anteriormente mencioné que lo que experimenté al escuchar a Ramsey Lewis Trio tenía una relación sumamente cercana con el reino de Dios. Ampliar tu vida al tamaño del reino de Dios guarda una estrecha relación con los mismos principios de *forma* y *libertad* que el trío puso en práctica tan hábilmente esa noche. La intersección de estos principios, los cuales a veces comprendemos equivocadamente, es la forma en que apreciamos la vida del reino.

Algo en lo que no deberías obsesionarte es la *forma* que tomará tu vida si engrandeces todo en tu vida a la medida del reino de Dios porque Dios ya ha provisto tanto la forma como la estructura para ti. La forma está en su palabra. La Escritura nos da los parámetros para vivir el reino de Dios durante nuestros días aquí en la tierra. Dios sabe que, si vamos a hacer música armoniosa con Él, necesitamos saber quién es Él, quiénes somos nosotros y de qué se trata la vida. Necesitamos saber cómo haremos aquello que se nos ha ordenado hacer y cuál es la meta de todo esto. Dios nos ha dado la narrativa, los principios, los planteamientos, los mandamientos y las promesas de la Escritura para tener la estructura en la que nos ha llamado a vivir, a ti y a mí. Seremos únicamente las personas que nos ha llamado a ser, viviremos la vida para la que fuimos creados y disfrutaremos el diseño que nos dé para que disfrutemos caminar bajo la estructura que nos ha revelado. La Biblia es esa melodía que da la estructura a todas las demás melodías para las que Dios nos ha preparado. De esa manera, las podremos ejecutar en el reinito ante nuestras amistades, familia, iglesia y comunidad. Y cuando lo hagamos, el reino de Dios llegará a ese lugar en toda su armonía gloriosa.

Aunque fuimos creados a su imagen y somos seres con dones sorprendentes, nuestro propósito no es que escribamos nuestra propia formación musical. No, nuestro llamado es ejercitar nuestra destreza dentro de la forma con la que tan amorosamente nos diseñó. De la misma manera en que tocaba el trío esa noche, mantengamos nuestro compromiso de tocar dentro de la estructura que Dios nos ha revelado para evitar que nuestra creatividad choque con Él. En lugar de ello, que su música sea el contexto en el cual nuestra creatividad se eleve a alturas inimaginables.

Nuestro llamado del reino es vivir con un compromiso de dedicación, disciplina y perseverancia, exclusivamente para crear música armoniosa con el compositor, porque es una música que vive dentro de la Escritura de su revelación. Cuando vivimos con ese llamado, nuestros pensamientos, deseos, palabras y acciones, así como lo de

Dios, tienen el poder de ayudar, restaurar, reconciliar y dar esperanza. Cuando ejecutamos la música junto a Él, lo que hacemos y decimos realmente va cargado del poder para transformar vidas de personas y de comunidades enteras. Como ves, solo la música de redención puede hacer el trabajo de restauración que este mundo quebrantado necesita tan desesperadamente. Solo la gracia es capaz de hacer todo nuevo.

Cuando ejecutamos su música, nuestras notas son las notas de justicia, misericordia, paz, amor y esperanza. Estas notas abrazan a pobres y ricos por igual, a jóvenes y ancianos, a hombres y mujeres, a niños en general. No se limita a ciertas regiones, nivel económico, origen étnico, idioma o registro de su pasado. Las notas de la redención tienen el poder para ponerse en práctica en el mundo y el universo. Cuando ejecutamos esas notas, nuestra vida trasciende las angostas vías de las esperanzas egoístas y los sueños encerrados. Cuando ejecutamos una música armoniosa con Dios, nos volvemos parte de la melodía eterna; esa melodía que se escribió desde antes de la fundación del mundo y que seguirá sonando incluso después de miles y millones de años. Cuando ejecutamos la música con la forma que él ha determinado, nuestra vida trasciende sobre sus propios límites y se vuelve parte de algo enorme y significativo. Cuando lo logramos, vivimos para una gloria mayor al sonido de nuestras propias notas y de este modo, recuperamos nuestra humanidad.

EL RUIDO DE LA DESARMONÍA

Joey había llegado al punto en el que detestaba regresar a casa después del trabajo. La aspereza entre él y Emma era tan intensa que le robaba el aliento. Sentía que la tensión nerviosa crecía mientras sujetaba el timón del vehículo porque se conducía por las calles que le llevaban a su casa. Sabía que una pequeña cosa era necesaria, que podía ser algo que dijera o algo que olvidara, para encender el fósforo que empezara una nueva explosión.

Antes la situación era diferente. Hubo momentos en que él y

Emma amaban estar juntos, cuando amaban las palabras del otro. Sin embargo, la armonía superficial de esos primeros meses de matrimonio fue temporal. Joey y Emma no lo sabían, pero lo que estaban haciendo era que cada uno escribía y ejecutaba sus propias piezas de música. Cada uno de ellos había tenido un sueño sobre cómo sería su matrimonio. Cada uno tenía expectativas para el otro y cada uno se fue decepcionando y enojando hasta que su matrimonio solo era una muestra lejana de lo que habían soñado que fuera.

La dificultad empezó con pequeños momentos de desarmonía, pero esos momentos fueron creciendo hasta llegar a ser episodios tan discordantes que su relación era más como un ruido caótico del tránsito que un dueto con una pieza perfecta y bien ejecutada. Ahí estaban dos personas viviendo juntas, pero que querían imponer su propia forma de ser y que se negaban a ceder. Ellos mismos crearon la tensión con la que vivían y la desarmonía que detestaban. Tenían la posibilidad de ejecutar el tipo de música que solo se vive plenamente cuando las notas que tocan están en armonía con el gran compositor. Joey y Emma no tienen que vivir así. La gracia existe y está ahí para este tipo de relación carente de armonía. Joey y Emma tienen esperanza, pero para vivirla, tienen que estar dispuestos a ceder a seguir tocando su propia música.

Cuando intentamos escribir y ejecutar nuestra propia música suelen suceder cosas malas. El enfoque en nosotros mismos y las notas que nos complacen dan como resultado división y desarmonía. También lastiman almas y destrozan corazones; destruyen la esperanza, llevan a la violencia y desolación. Destruyen familias y dejan comunidades en ruinas. Pervierten la justicia y corrompen al gobierno. Debilitan el cuerpo de Cristo y nos hacen ver como personas patéticas. Cuando cada persona que conforma una familia, un grupo de amigos o una comunidad escribe su propia música o ejecuta su propia melodía dará lugar al quebrantamiento, la división, la intolerancia, la recriminación airada, el desánimo y el temor. Cuando dejamos que esto suceda, todas las comunidades sanadoras que Dios ha diseñado (la familia, la iglesia y el gobierno) se enferman a tal punto que no pueden ofrecer sanidad a nadie. Cuando escribimos nuestra propia música, el reino del egoísmo toma protagonismo, lo que interfiere con la dulce música de paz que escribió maravillosamente el gran compositor.

¡PERO ES JAZZ!

La música armoniosa del reino que Dios nos llamó a ejecutar con él no solo se trata de la forma, sino también de la *libertad.* Piensa en esto: la revelación de Dios en su palabra no es como un pentagrama. Quiero decir que Dios no te da una nota específica de la página para que la toques y que te encargues solamente de tocar esa nota en donde la veas. Es sencillo, la Biblia no aborda cada situación o relación específica en la que puedas encontrarte. Dios no ha escrito previamente cada conversación para ti, ni tampoco ha premeditado tus decisiones. Si eso fuera cierto, te preguntarías, ¿qué nos *ha dado* Dios en su palabra? Lo que Dios nos dio por medio de las páginas de su escritura es una clave y un compás musical. Mientras nos mantengamos dentro de los parámetros divinos de la composición, somos libres de improvisar junto con él.

No puedes reducir los grandes momentos históricos, los temas de gran narrativa, la sabiduría de enseñanza y los grandes principios y mandamientos de la Biblia a hojas de pentagrama. No funciona de esa manera.

Por ejemplo, piensa que te enumeran todos los mandamientos que Dios da a las madres y los padres para la crianza de sus hijos en ambos lados de una hoja de papel. No te están dando un guion para hablar con tu hijo de dos años que se niega a comer, ni tampoco un guion para resolver la rivalidad entre hermanos, ni un guion para ayudar a un adolescente inhibido a que abra su corazón. Lo que te han entregado son parámetros muy importantes para cada uno de estos diálogos. El gran compositor te ha invitado en especial para ejecutar un jazz de redención dentro de esas estructuras. Cuando te quedas dentro de la estructura, tu creatividad es de redención, lo que causa beneficios personales a largo plazo.

Hay algo más que debe hablarse acerca de nuestra libertad para improvisar en la forma del compositor. El estilo de vida del jazz del reino de Dios es una *libertad colectiva.* Los músicos de jazz logran una música armoniosa, no solo porque permanecen en una estructura musical que han acordado, sino porque ejecutan en orquesta, uno junto al otro. Los buenos músicos de jazz no son solo buenos músicos, sino músicos que tienen gran destreza para oír. Su jazz siempre está en interacción con lo que los rodea. Dios no nos ha dado una hoja de pentagrama. Él es el compositor de una estructura que nos da libertad para improvisar dentro de la estructura mientras los demás se escuchan atentamente unos a otros y, sobre todo, a Él. ¿Qué es lo que Dios está haciendo en mis hermanos y a través de ellos en este momento? ¿Cómo puedo crear música armoniosa, de acuerdo con los deseos de Dios y con lo que otros necesitan? Estas son las preguntas de la libertad colectiva del reino de Dios.

DIOS NO NOS HA DADO UNA HOJA DE PENTAGRAMA. ÉL ES EL COMPOSITOR DE UNA ESTRUCTURA QUE NOS DA LIBERTAD PARA IMPROVISAR DENTRO DE LA ESTRUCTURA MIENTRAS LOS DEMÁS SE ESCUCHAN ATENTAMENTE UNOS A OTROS Y, SOBRE TODO, A ÉL.

JAZZ CON UN PROPÓSITO

Ahora te estarás preguntando: "¿Por qué Dios, la fuente de la máxima sabiduría, no nos daría la partitura con la música completa para la vida de todos en cada situación y relación en la que nos encontremos? Dios sabe lo que sucede en cada segundo de nuestra existencia. ¿No sería lo más fenomenalmente fácil? Piensa en la pregunta por un momento. ¿Por qué esta idea de la máxima predictibilidad tiende a ser tan atractiva para nosotros? ¿Se tratará de que nuestro corazón pecaminoso realmente anhela comodidad, facilidad, éxito y control? Estos deseos no son malos en sí, pero el peligro es que tienden a competir con aquello para lo que fuimos creados a buscar y disfrutar.

Depender absolutamente de la composición de música creativa y armoniosa con Dios es el único lugar en el cual nos volveremos real y completamente humanos.

DESEA QUE NOS CONECTEMOS A LO QUE ES SANTO, INFINITO Y ETERNO. QUIERE QUE SEAMOS HUMANOS COMPLETOS, PORTADORES DE SU IMAGEN, TAL COMO ERA EL PROPÓSITO EN UN PRINCIPIO. PERO DESEA QUE TODO ESTO SEA EL RESULTADO ARMONIOSO DE UNA COMUNIDAD ÍNTIMA, REACTIVA, DEPENDIENTE Y GOZOSA CON ÉL.

Como ves, Dios diseñó su palabra y su reino, de manera que nos lleve hacia Él, en una dependencia total momento a momento. Lo que quiere para nosotros y de nosotros es mucho más que una obediencia obstinada a una serie de normas. ¡Nos quiere a nosotros! Quiere ser el tesoro de nuestro corazón y el gozo de nuestra alma. Quiere conocer la misma comunidad junto a nosotros, la misma comunidad que conoció en la Trinidad. ¡Desea tener una relación con nosotros! Por ello nos da justo lo que necesitamos. Conocemos la tecla del piano que vamos a presionar y ya nos ha revelado cuál es el compás, pero no nos ha dicho con exactitud qué debemos hacer y decir en todos los momentos de la vida donde estaremos ejecutando música con Él. Y lo hace así porque desea que lo busquemos, que oremos, que confiemos en Él a medida que improvisamos nuestro camino durante la vida.

Quiere que seamos espontáneos y creativos. Quiere que cada nuevo momento sea una experiencia fresca de fe y gracia. Quiere que vivamos la gran variedad de dones que nos ha dado. Quieres que traspasemos los límites de nuestros pequeños mundos, los cuales ya tienen un tamaño reducido. Desea que nos conectemos a lo que es santo, infinito y eterno. Quiere que seamos humanos completos, portadores de su imagen, tal como era el propósito en un principio. Pero desea que todo esto sea el resultado armonioso de una comunidad íntima, reactiva, dependiente y gozosa con Él. Esa es la razón por la que no nos dio la partitura completa y en cambio, nos envió a silenciarnos.

Nos llamó a tener esa libertad irresistible de una vida con jazz improvisado de la redención. Y el estilo de vida de jazz solo funciona cuando ponemos atención en su composición y en lo que ejecuta en ese momento.

Cada vez que conformas un jazz creativo, interactivo y armonioso con tu redentor, ya sea en tu casa, con tus amigos, comunidad, iglesia o en el trabajo, siempre que permanezcas en sus parámetros, estarás engrandeciendo lo que tocas a la medida del reino de Dios.

LA PREGUNTA FINAL: ¿EN QUÉ PUNTO DE TU VIDA TE VES TENTADO A ESCRIBIR TU PROPIA MÚSICA EN LUGAR DE CREAR ESA MÚSICA ARMONIOSA CON EL REY?

¿ESTÁS DISPUESTO A PEDIR PERDÓN?

13

PERDÓN

con-fe-sión: Reconocimiento de culpa de quien ha sido partícipe de una ofensa

EN RESUMEN: VIVIR EN EL GRAN REINO REQUIERE DE HUMILDAD PARA BUSCAR PERDÓN Y DE GRACIA PARA OTORGARLO.

Sam sabía que estaba equivocado. Sabía que lo que había dicho y hecho no solo era inapropiado, sino que también era pecado. Algunas veces Sam salía temprano del trabajo y le pedía a alguien más que marcara su tarjeta de salida por él. Su justificación con esa persona era que sus gemelos habían nacido hace poco, y eso era entendible. También sabía que no era el único que lo hacía. Sin embargo, él fue al único que descubrieron. Sin importar cuánta justificación aclarara en su propia mente, no podía defender sus acciones.

Solo era cuestión de tiempo antes de que cayera por su propia boca y admitiera sus errores, pero fue difícil. Quería darle la vuelta a la situación y señalar a los demás pecadores en la habitación. Quería recordar a todos las dificultades que enfrentaba. Deseaba tener la oportunidad de convencerlos del buen hombre que había sido la mayoría de las veces. Pero sus defensas parecían manís alimentando a un gran elefante hambriento. Nada de esto satisfizo a la vacía contraparte. Tuvo que estar ahí al frente para confesar su mal actuar y para pedir perdón. A medida que caminaba a la oficina de su jefe, seguía buscando un pretexto y quería señalar a todos, pero sabía que no podía.

¿Por qué nos cuesta tanto admitir cuando nos equivocamos? ¿Por qué es tan difícil pedir perdón? Porque a todos nos gusta pensar que somos más justos de lo que realmente somos. Adicional a ello, también somos mejor para ver el pecado de los demás que el propio. Hay más todavía por discutir en este tema. Me siento profundamente persuadido a pensar que tenemos dificultades con el perdón, por lo que está relacionada con el reino.

BAJO MI VOLUNTAD, A MI MANERA

¿Alguna vez te preguntaste por qué las protestas son tan atractivas para el ser humano? Cuando participo en una protesta por algún problema, puedo decir que este problema específico, de alguna forma tiene presencia a mi alrededor. Dado que el problema no soy yo, tengo la opción de señalar a alguien, de exponer públicamente cómo tus equivocaciones me afectan a mí, o a otros. Lo que hace que las protestas sean tan estimulantes y embriagadoras es la justicia. Tengo la oportunidad de decirlo: "Aquí soy inocente y honestamente, ¡me indigna todo lo malo que estás haciendo!" Si invitas a varias personas a dos tipos de actividades, una a protestar contra algo y la otra a confesar algo, ¿a cuál reunión crees que se acercará la multitud más grande?

> SI INVITAS A VARIAS PERSONAS A DOS TIPOS DE ACTIVIDADES, UNA A PROTESTAR CONTRA ALGO Y LA OTRA A CONFESAR ALGO, ¿A CUÁL REUNIÓN CREES QUE SE ACERCARÁ LA MULTITUD MÁS GRANDE?

Pedir perdón es muy difícil y lo es por lo que dice acerca de la vida y lo que dice acerca de mí. No puedes pedir perdón sin reconocer que en la vida hay algo más importante que el avance de tu propio reino. No puedes buscar perdón sin apropiar el hecho de que fuiste creado para la gloria de alguien más. No puedes hacer una confesión sincera y humilde sin reconocer que hay cosas más importantes en la vida que solo hacer tu voluntad y que ser feliz. No puedes admitir que hiciste algo incorrecto sin que te caiga encima el golpe que te despierte y enseñe que hay algo más grande en la vida a tus sentimientos, así también a los sentimientos de tus emociones. Como ves, nuestra perenne fidelidad a nuestro propio reino es la que nos impide estar dispuestos a confesar que nos encontramos en el camino del reino de Dios en la tierra.

¿Por qué le gritarías a alguien? ¿Por qué te guardarías algún remordimiento? ¿Por qué tendrías dificultad para servir a alguien más? ¿Por qué sería tan difícil ser paciente y calmado? ¿Por qué te costaría celebrar el éxito de otra persona? ¿Por qué divulgarías un chisme? ¿Por qué te sentirías tentado a robar algo que no era tuyo? ¿Por qué harías mal uso del sexo o la comida? ¿Por qué envidiarías el poder, la posición o las posesiones de alguien?

¿Por qué, padre o madre de familia, te cuesta controlar la ira con cada hijo cuyo nacimiento ha sido un milagro de plenitud? ¿Por qué, esposa, puedes irritarte hasta por la forma en que muerde sus alimentos aquella persona por la que una vez te derretías? ¿Por qué, esposo, te sientes molesto en medio de una conversación con esa persona con la que te deleitabas y con quien hiciste el compromiso de pasar tu vida entera?

¿Por qué te revolcarías en la autocompasión? ¿Por qué dejarías que la amargura te sujete en sus garras? ¿Qué te haría sentir que vas a renunciar o te provocaría temor el día siguiente? ¿Por qué te volverías cínico y te alejarías de otra persona? Todo esto es lo que hacemos y lo hacemos porque queremos que las cosas se hagan a nuestra manera.

La lealtad que tengo hacia mi propio reino es profunda en el ADN de mi naturaleza pecaminosa, obligándome a ser egoísta, determinar mi propia justicia, a condenar y a ser impaciente. Sé lo que quiero. Sé lo que me hará feliz. Tengo una visión de lo que podría ser mi vida y tú interfieres constantemente en los planes y los propósitos de mi reino. Ahora hablo de las situaciones y las decisiones de vida que son importantes. No vives en esos momentos muy a menudo y son esos breves momentos los que viven el drama de este reino y felicidad personal, de la dinámica espiritual de que no quieres que alguien se interponga en lo que quieres, esa es la lucha que enfrenta cada pecador. Esa es la razón por la que te enojas cuando no puedes usar el baño en el tiempo que quieres usarlo, o cuando alguien toma tu espacio de estacionamiento o cuando no te reconocen como crees que lo mereces.

Pedir perdón es difícil porque tienes que admitir por qué necesitas perdón con tanta frecuencia. Es difícil porque tienes que enfrentar el hecho de que, con todo tu crecimiento en gracia, las lecturas bíblicas, la experiencia ministerial y la pericia teológica, todavía regresas una y otra vez a buscar los intereses de tu propio reino. Cuando buscas que te perdonen, confiesas que todavía olvidas por qué estás en la tierra y por qué te han dado gracia como don maravilloso de Dios. Admites que olvidas que cada bendición que has recibido debe invertirse en el reino.

PEDIR PERDÓN ES DIFÍCIL PORQUE TIENES QUE ADMITIR POR QUÉ NECESITAS PERDÓN CON TANTA FRECUENCIA.

EL REINO DEL PERDÓN

Buscar perdón siempre es el resultado de tener a la vista un reino diferente. Te apropias del hecho de que no fuiste creado para tu propio beneficio. Cuando vives para ti, olvidas a Dios y a su reino y sales de los límites de su voluntad. No solo eso, sino que cada vez que pides perdón de Dios o de las personas, admites que eres parte del enorme problema que aborda el gran reino. Dios establece su reino para que todo aquello que el pecado ha quebrantado, sea completamente pleno y restaurado. **En el centro del reino de Dios, no encuentras un palacio colosal habitado por un rey inalcanzable. No, en el centro del reino de Dios encontramos la cruz ensangrentada en la cual cuelga un rey quebrantado que nos da la bienvenida tal como somos.** Este rey no demandó que fuéramos justos, porque si fuera así, ninguno de nosotros llenaría los requisitos para vivir en su reino. No. Él era justo por nosotros y aunque era un rey, estaba dispuesto a tomar nuestro lugar en la muerte por pecado para que podamos ser perdonados. Lo que Dios demanda es la confesión, porque cuando confesamos, Él nos libra de la esclavitud a nosotros mismos y en cambio, somos libres para vivir para Él.

Aquellos que han sido acogidos en el gran reino también han sido acogidos a un estilo de vida de perdón. Es una forma de vida en la que cada día admito que, por instinto, me opongo a la obra que Dios hace en la tierra. Lo hago como una persona. Lo hago en mi matrimonio y en mi crianza. Lo hago con mis amistades y lo hago en el trabajo. Lo hago en el cuerpo de Cristo, lo hago en mi vecindario. Cuando vivo este estilo de vida encuentro gozo al decirle a Jesús, día tras día, que necesito que replique su vida en la mía por medio de la muerte y la resurrección. Este estilo de vida se trata de crecer para reconocer que, de alguna forma, cada día, doy evidencia del hecho de que la cruz era necesaria. Este estilo de vida de perdón me da una actitud diaria de gratitud y de gozo sincero. Aunque a veces he desafiado su soberanía y he pensado que podría ser mejor rey, Dios no me ha rechazado ni me ha condenado. No, me ha abrazado con su perdón, coloca sus brazos alrededor de mí y me invita a ser parte de algo ínfimamente más bello que lo que yo alguna vez podría escoger para mí.

LO ENTIENDO BIEN

Cuando pides perdón entiendes lo que es correcto. El hecho de que puedas tener una vista exacta de ti mismo es una demostración viva de cuán poderosa es la gracia de Cristo. La gracia de Cristo tiene el poder para abrir los ojos que no ven. Tiene el poder de abrir tu voluntad, la que habías asegurado y sujetado, para aferrarte a la causa de un reino mejor. Tiene el poder para ayudarte a confesar con agrado, ¡algo que incluso rechazaste ver! Cuando pides perdón lo entiendes bien, porque estás dejando ir tu voluntad y celebras la voluntad de Dios. Estás cediendo tu justicia y te regocijas en la justicia de Dios; sales huyendo de tu reino para llegar al reino de Dios.

EL PERDÓN ES UNA GUERRA

Es difícil pedir perdón porque pedir perdón es una guerra entre la justicia propia y la gracia inmerecida. Es una guerra entre las normas de mi reino y los mandamientos del rey. Es una guerra entre un deseo de ser servido y estar dispuesto al llamado de amar libremente y servir con toda disposición. Es una guerra entre vivir para mis propios momentos diminutos de gloria y ser consumados por la gloria de Dios. Esta guerra se pelea cada día en la turbulencia de mi corazón. Pero no estoy peleando esta guerra solo. El rey que me ha acogido en ese reino mejor es el rey guerrero que seguirá peleando por mí hasta que el último enemigo caiga antes sus pies.

Significa que hay esperanza para mí, incluso cuando he perdido de vista el gran reino y retrocedo a mi propio reino. Hay esperanza para mí incluso cuando preferiría pelear por quince segundos de gloria propia, en lugar de darle la gloria a quien realmente le pertenece. Hay esperanza para mí, incluso cuando preferiría ganar una discusión que reconciliar una relación. Hay esperanza para mí incluso cuando preferiría fantasear sobre una venganza que otorgar un perdón inmediato. Existe esperanza para mí incluso cuando soy bueno para ver tu pecado, aunque olvido el que yo he hecho. Hay esperanza para mí porque no peleo solo por mi alma. El rey es quien pelea por mí y cada vez que pido perdón Él gana otra batalla a mi favor.

Como ves, esta *es* la batalla de las batallas. Este *es* el conflicto que merodea cualquier otro conflicto que tengamos. Esto es lo que todos tenemos adentro y que Dios simplemente niega en reacomodar. Su reino es el *que* vendrá. Su voluntad *se hará* realidad. Su voluntad no se quedará pasiva y viéndonos de forma que permita que los hijos del reino vivan con una lealtad práctica y mayor a la construcción de sus propios reinos, por ello, Dios pelea por la libertad de nuestras almas. Lucha por el control de nuestro corazón. Su obra es liberar nuestros deseos para enfocarnos en nuestros pensamientos. Y al hacerlo, nos llama humildemente a confesar que en realidad nos amamos más de lo que lo amamos a Él y a los demás. Nos invita a admitir con qué frecuencia exigimos que las cosas se hagan a nuestra manera. Él nos acoge para rechazar nuestra ira, codicia, envidia y venganza. **Si su reino ha de venir total y completamente para siempre, debe ser un reino de perdón donde los ciudadanos rebeldes puedan estar bien una y otra vez.**

PERDÓN Y EL GRAN REINO

Cada vez que pides perdón, es porque lo estás entendiendo.

Cada vez que pides perdón, sales de tu propio reino pequeño y llegas a este.

Cada vez que pides perdón, dices que la Biblia es precisa acerca de ti y de quienes te rodean.

Cada vez que pides perdón, declaras que tu vida no te perteneces, sino que ha sido creada para el propósito de alguien más.

Cada vez que pides perdón, dices que el egoísmo es tu pecado más grande y que la gracia es tu única esperanza.

Cada vez que pides perdón, te recuerdas quién eres y lo que realmente necesitas.

Cada vez que pides perdón, niegas sentirte cómodo con tu rebelión.

Cada vez que pides perdón, reconoces que los problemas más grandes que enfrentas en la vida existen adentro de ti y no en el exterior.

Cada vez que pides perdón, imploras que el reino de Dios venga y que sea hecha su voluntad en la tierra, como en el cielo.

Cada vez que pides perdón, permites que el reino de Dios esté visible para que otros lo vean.

Cada vez que pides perdón, adoras al rey del perdón y animas a otros a hacer lo mismo.

Cada vez que pides perdón, puedes ver con precisión, tus pensamientos son transparentes y tu corazón está en el lugar correcto.

Cada vez que pides perdón, clamas por una eternidad donde el perdón ha culminado su trabajo finalmente y para siempre.

Cada vez que pides perdón, te dices a ti mismo que por todo lo bueno que has vivido en el reino de Dios, todavía se necesita más y por ello, más habrá de venir.

Un estilo de vida que busca el perdón engrandece todo lo que tocas al tamaño del reino de Dios.

LA PREGUNTA FINAL: ¿ENCUENTRAS GOZO EN LA VIDA DE LIBERTAD QUE BUSCAR PERDÓN?

¿ERES UN ROMÁNTICO EMPEDERNIDO?

14

SOLEDAD

ro-man-ce: Relación emocional ardiente, una fascinación o entusiasmo por alguien

EN RESUMEN: VIVIR EN EL REINO DE DIOS SE ASEMEJA A ESPERAR QUE REGRESE EL AMOR DE TU VIDA.

Me iba un mes de viaje y estaría en Corea e India. Estaba emocionado por las muchas oportunidades ministeriales y los desafíos que se presentaban ante mí. Me sentí privilegiado de trabajar en lo que estaba haciendo. En el aeropuerto me despedí dulce y largamente de mi amada y mejor amiga de toda la vida, Luella. Tenía algunas lágrimas, sería un viaje largo y ella sabía que estaría lejos y sin mucha comunicación. Estaba listo para embarcarme en una travesía que parecía que había estado preparando por años. A medida que caminaba por el pasillo, miraba hacia atrás para verla antes de partir. Recuerdo que casi por la mitad de ese trayecto volteé a ver una vez más y me sentí desilusionado porque entre la multitud, Luella había desaparecido.

El vuelo era largo y no podía esperar a que mis pies tocaran tierra y que mi cuerpo encontrara una cama suave. La primera noche que abrí mi maleta para extraer algunas cosas descubrí un chocolate que Luella había escondido. Lo acompañaba una nota muy propia de Luella. Me dormí con una sonrisa en el rostro por lo que había enviado conmigo para que mi viaje fuera más fácil. Aunque Luella estaba físicamente en Filadelfia, la llevaba conmigo y ella había dejado pedacitos suyos para mí, para disfrutarlos y para que la recordara.

A medida que la separación se prolongaba con los días, empecé a pensar más y más en Luella. De hecho, hubo momentos cuando no solo deseaba que ella estuviera compartiendo estas experiencias conmigo, sino que hasta giraba para decirle algo, solo para darme cuenta de que ella seguía en casa. A mitad del viaje, ya estaba contando los días. Empecé a soñar despierto en que bajaba del avión y veía su rostro. Empecé a recordar la primera vez que la vi, la primera vez que toqué su mano, el primer beso. Pensé que en algún momento nos sentaríamos en una mesa y le contaría una cronología detallada del viaje. Con mi corazón pude ver su sonrisa y escuchar su risa.

Empecé a hablar más de Luella con quienes compartía el tiempo. No estaba muy consciente de ello, pero encontré formas de incluirla en la conversación y de cantar sus alabanzas. Finalmente, alguien me dijo: "En serio que la extrañas, ¿verdad?".

En los días finales del viaje me fue muy difícil concentrarme. Hice mis labores con mucho denuedo, pero mi corazón no estaba conmigo. Quería subirme a un avión y regresar a casa. A medida que el día de regreso se acercaba, más solo me sentía. Solo quería estar en casa con Luella.

UN ROMANCE FUNDAMENTAL

¿Qué dirige nuestra vida en el reino de Dios? ¿Qué la motiva en su actividad y qué le da combustible para cumplir con sus tareas? ¿Cuál es el ingrediente indispensable que la distingue de la vida en el reinito de uno mismo? Puedo responder estas preguntas con una sola palabra: *el romance.* Ahora, quizás estés pensando: *"Paul, ¿de qué estás hablando? ¿Qué tiene que ver que mi vida llegue al tamaño del reino de Dios con el romance? Podría entender si dijeras que es la teología o el ministerio, pero ¿el romance? No lo entiendo".*

A medida que he visto la función de la iglesia, mi propia vida con el Señor, la Biblia y cómo describe la vida cristiana, he llegado a convencerme de que existe un fundamento, una búsqueda elemental, un corazón indiscutible que está detrás de todos esos procesos, y si no fuera así, nada sería como estaba definido en el gran reino. Ese fundamento no es un compromiso inquebrantable a una teología bíblica. No se trata de construir un mundo cristiano integral, ni una perspectiva de la vida por medio de la cual ves todo lo que hay alrededor. No es una búsqueda dedicada de participación en la fraternidad del cuerpo de Cristo. No es una vida formada por un compromiso perseverante al ministerio y al servicio. No es la disciplina de mantener devoción, estudio y adoración personal. Este fundamento no se trata de una búsqueda, un hábito, un deber, sino una disposición apasionada del corazón.

Detrás de cada buena acción que el rey nos llama a hacer, ese fundamento que nos dará la motivación y la dirección es el romance central y permanente. Está configurado para ser el único romance santo de nuestra vida, el romance por el cual fuimos creados y redimidos: el maravilloso amor cósmico de Cristo por nosotros y nuestro amor reactivo hacia Él. **El rey está en el centro del reino y por ello, el centro del reino vive en un afecto profundo, permanente, que integra nuestra vida para el rey. Este amor fundamental alimenta todo lo demás que debemos buscar a medida que salimos de esos confines angostos de nuestro propio reino y empezamos a disfrutar la vida en la patria celestial del reino del Dios.** De forma simple, fuimos creados para enamorarnos locamente de Cristo. Él está destinado a ser el centro de nuestra mente y para llenar nuestro corazón. Está destinado a ser quien nos aliente y nos dé gozo. Vivimos para complacer a quien es el único en nuestra vida. Engrandecerás tu vida a la medida del reino de Dios cuando tu corazón esté totalmente cautivado por este único y fundamental romance.

En su fundamento, la vida en el gran reino no se trata tanto de buscar una cosa específica, se trata de buscar a una persona. Su finalidad es que pongamos los ojos de nuestro corazón totalmente enfocados en Cristo. Su finalidad es que nuestras almas se llenen de agradecimiento y rebosen de amor. Es caminar maravillado de que Él haya puesto su amor en mí y que me reciba a pesar de que soy imperfecto. Se trata de vivir con la esperanza de que algún día dejaremos de estar separados y de que nos uniremos con Él para vivir juntos eternamente.

Mientras tanto, la vida en el gran reino no solo tiene la finalidad de estar agradecidos por su provisión, por su compañerismo, por sus enseñanzas sanas, o por las causas importantes a las que rindo mi energía. No, vivir fundamentados en el gran reino es estar agradecidos por *Él*, por *su* presencia, por *su* perdón, por *su* paciencia, por *su* misericordia, por *su* gentileza, por *su* sabiduría, por *su* compasión, por *su* compañía, por *su* bondad y por *su* amor. Vivir en el gran reino tiene como finalidad sentirse increíblemente bendecido, no solo por las bendiciones físicas, las circunstancias que nos han traído beneficio, o por las muchas personas que ha colocado en mi vida, sino sentirme bendecido porque lo tengo a Él. ¡No puedo creer que me ama! No puedo creer que el Rey de reyes, el Creador, el Salvador y Rey de todo el universo pudiera desear ser mi amigo. Vivo con un asombro de agradecimiento de todo lo que fue capaz de hacer para tener una relación de amor conmigo. Este es el único romance fundamental que da motivación y dirección a todo lo bueno que significa vivir para el reino y la gloria de Dios. Y si nuestro corazón sigue alejado de este amor, no importará cuánto más busquemos externamente como cristianos, sin duda seguiremos viviendo en ese reino pequeño.

SIN TIEMPO PARA EL ROMANCE

Nos distraemos tan fácilmente. Somos tan volubles. Nos mantenemos tan ocupados. Vivimos a un paso tan frenético. Encontramos miles de caminos para ocupar nuestros días… e incluso nuestra vida. ¿Será posible que nos mantengamos tan ocupados, tan sobre la marcha, tan distraídos por los sucesos del día o por los planes de los días que han de venir, que tenemos tan poco tiempo, por no decir nada, para buscar este romance fundamental? ¿Será posible que, a pesar de haber sido recibidos en una relación de amor con Cristo, que por nosotros mismos nunca hubiéramos podido lograr ni merecer, estamos tan sobrecargados que no vamos tras él ni lo disfrutamos?

Las relaciones necesitan compromiso. Las relaciones demandan tiempo y también requieren perseverancia. Las relaciones nos llaman al sacrificio. La fe bíblica, fundamentalmente, no es tener un compromiso a una ideología; es que nos reciben, sin merecerlo, en una relación. Es Cristo quien nos hace "la niña de sus ojos" y nos llama a amarlo más que a cualquier cosa o a cualquier persona en nuestra vida. ¿Te imaginas un hombre declarando su amor a una mujer y diciéndole que ella es la persona más importante en su vida y que, aun así, no tenga mucho tiempo para profundizar en su comunión y amor? Nosotros podemos decir que somos cristianos, decir que amamos al Señor más que a nada ni a nadie, ¡pero aun así no tener tiempo para Cristo!

Encontrar tanta satisfacción en lo que hacemos hasta el punto de que nos deja muy poco tiempo o energía para encontrar satisfacción en Jesús es algo que nos debiera dar muchísimo temor. El problema es que las pocas cosas que perseguimos son dañinas para nosotros. Podemos dar razones válidas para nuestra participación en todo ello. Y tampoco es que las distracciones en nuestra vida nos molesten mucho, pues ocupan un lugar en el calendario con gran lógica y credibilidad, incluso cuando nos estorban para alimentar este romance fundamental que está destinado a ser la fuente indiscutible de nuestro significado, identidad, propósito y esperanza.

El calendario viene cargado con actividades de:

ejercicio,
clases nocturnas,
lecciones de música,
teatro
compras,
vacaciones,

otros trabajos,
decoración del hogar,
deportes,
más deportes,
conciertos,
restaurantes,
remodelaciones,
política,
televisión,
citas en el salón de belleza,
dispositivos,
museos,
citas con el médico,
elaboración del presupuesto,
películas,
parques de recreación,
salir a caminar con el perro,
conferencias,
lecturas,
clases de cocina,
y la lista sigue y sigue…

Es posible que podamos cantar de nuestro amor por Cristo el domingo, pero ¿dejamos de tener tiempo para este amor fundamental el lunes? ¿Será posible que llenamos nuestro tiempo con demasiadas actividades? ¿Será posible que no seamos cautivos frustrados de nuestras ocupadas agendas, pero, de hecho, somos los controladores apasionados de nuestro tiempo? ¿Podría ser posible que nuestra agenda en realidad muestra lo que es importante para nosotros, aquello que nos da gozo?

En el epicentro del reino de Dios encontramos una relación de amor con Cristo, un amor profundo por Jesús que guía y da forma a todo lo que eres, todo lo que piensas, lo que deseas, las decisiones que tomas, las palabras que dices y cada acción que tomas. ¡Jesús *es* el reino! ¡Su reino es el primer reino de amor! Cuando nos recibe en el reino, realmente nos está invitando a una relación eterna de amor con Él.

Ahora bien, ¿todo esto te suena místico y poco factible? ¿Suena muy etéreo para conectarse realmente con tu vida diaria? Bien, déjame recordarte que en el romance humano encontramos emociones poderosas y momentos mágicos, que una relación amorosa saludable realmente es bastante prosaica y práctica. Tienes que hacer los compromisos prácticos de tiempo, dinero, afecto y energía. Tienes que escuchar bien y hablar claro. Tienes que asumir la determinación de ser paciente, perdonador, tranquilo y humilde. Necesitas reconocer dónde se necesita dar y servir. Debes tomarte el tiempo para llamar, escribir por carta o correo electrónico, y hasta para mandar un mensaje de texto. Debes decidir a qué vas a renunciar para poder cumplir con todo ello. Lo saludable de esta relación no dependerá de tres o cuatro momentos importantes, sino de miles de miles pequeños momentos donde tus acciones muestren tu amor. De esta misma manera es nuestra relación con Cristo. El más maravilloso afecto que se vive en los miles de pequeñas decisiones y acciones. Cuando tomamos en serio nuestro amor por Cristo, nuestra vida lo demostrará.

CORAZONES VOLUBLES

Cuando examinamos nuestra vida detenidamente, queda claro que nuestro problema no es nuestra agenda. No es que Dios haya puesto más en nuestros platos de lo que podamos lograr en siete días de veinticuatro horas. **Nuestro problema es que el corazón voluble se distrae de su romance fundamental y fácilmente da su afecto a algo más. La Biblia habla del *"amor del mundo"* y nos dice que, si amamos al mundo, el amor del Padre no está en nosotros (1 Juan 2:15-17).** Santiago dice que nos enojamos unos con otros porque somos adúlteros espirituales y la persona a la par nuestra se interpone en lo que amamos (Santiago 4:1-4). El mundo es muy atractivo a nuestros ojos y muy seductivo para nuestro corazón. La creación puede verse mucho más real que el creador. La vista, el oído, el tacto y la percepción del sabor del mundo parecen sentirse mucho más vivos que los propósitos, las promesas, la presencia y la provisión de Dios, a quien no vemos ni oímos físicamente. Esta es una batalla que no se gana una sola vez, sino una que debemos enfrentar cada día. Debes convencerte de que en este mundo estás rodeado por otros amores que buscarán cortejarte para alejarte del gran y único romance para evitar que sea el fundamento de tu existencia. Debes prepararte para esta seducción y armarte contra la tentación y el adulterio espiritual. Debes hacerlo no una, sino una y otra vez, de lo contrario, tu corazón se alejaría para no volver.

DEBES CONVENCERTE DE QUE EN ESTE MUNDO ESTÁS RODEADO POR OTROS AMORES QUE BUSCARÁN CORTEJARTE PARA ALEJARTE DEL GRAN Y ÚNICO ROMANCE PARA EVITAR QUE SEA EL FUNDAMENTO DE TU EXISTENCIA.

SOLEDAD

Si el amor por Jesús es el afecto fundamental de tu vida, si Él es el dueño de corazón y sujetas tus pensamientos a su voluntad y si la búsqueda principal de tu vida es conocerlo y agradarlo, entonces tendrás una vida solitaria. Sí, estarás agradecido por todas las relaciones que Dios ha puesto en tu vida. Estarás agradecido por cada momento de comprensión humana, paciencia, gentileza y compasión que ha sido una bendición para tu vida. Encontrarás gozo en tu relación al ser parte del cuerpo de Cristo, pero tu corazón anhelará el día en que realmente estés ante su presencia para siempre. Vivir en el gran reino es como desear que el amor de tu vida regrese a casa. Cuando tienes que separarte de aquella persona a la que amas, aflora tu soledad en diferentes maneras:

- A veces es difícil concentrarse porque estás pensando en esa persona.

- Buscas formas para que esta persona pueda ser parte de una conversación.
- Presumes sus características y logros siempre que puedes.
- Te das cuenta de que cambias entre sentimientos de nostalgia y ansiedad.
- Ensayas lo que dirás cuando la vuelvas a ver, cambias las frases hasta que encuentras las palabras exactas que describen tu amor, emoción y alegría.
- Lamentas revivir todos los momentos donde demostraste falta de comprensión, momentos egoístas e hirientes, deseando poder arrancarlos de la historia.
- Decides que la amarás mejor cada día que pase.
- Te consuela que, aunque esté lejos, atesoras la promesa inquebrantable de su amor y de su regreso.
- Lees y vuelves a leer todo lo que te escribió, analizas cada palabra, incluso cada significado posible, y memorizas cada pasaje que te da esperanza.
- Te agradas de la compañía de sus amistades porque también son vestigios de esa persona.
- Tomas personalmente cualquier ataque en contra de esta persona y tratas de aclarar cualquier malentendido que alguien más pudiera tener por su carácter o sus acciones.

¿Por qué haces todo esto? Porque estás en soledad por la persona que amas, porque rechazas adormecer el dolor en tu corazón de dejar que alguien o algo tome su lugar mientras esperas por su regreso. La vida cristiana está diseñada para marcarse por un dolor de soledad espiritual profunda. La vida cristiana está diseñada pare tener una mirada que está constantemente viendo a la eternidad y la reunión sorprendente que ha de venir. Por esta razón las Escrituras nos describen repetidamente que la vida cristiana es una vida con ansias (Rom. 8:23-25; Gál. 5:5; 1 Tes. 1:9-10; Heb. 9:28). Nuestro problema no es que fallamos con contentarnos, nuestro problema es que nos contentamos muy rápidamente. Cuando no nos sentimos en soledad es porque nuestros afectos del momento han robado nuestro afecto y por el momento, nos sentimos satisfechos.

Vivir en el gran reino debe verse como esperar a que regrese el amor de tu vida. Estás con las ansias, pero mientras esperas, estás haciendo activamente todo lo que puedes para profundizar tu amor y prepararte para la reunión que viene. Y mientras pasa esto, tienes un dolor en el corazón porque realmente deseas estar con el amado por siempre.

LA PREGUNTA FINAL: ¿CUÁL ES EL LUGAR QUE OCUPAN LOS "OTROS AMORES" QUE COMPITEN CON EL AMOR DE CRISTO?

¿CUÁL ES TU VERDADERO TESORO?

15

SACRIFICIO

te-so-ro: Una posesión valiosa o preciosa de cualquier tipo

EN RESUMEN: JESÚS NOS LLAMA A ENTREGARLE TODO PARA QUE PODAMOS SER LIBRES DE LAS COSAS QUE NOS SUJETAN.

¿Sabes que todos los días tú y yo hacemos sacrificios personales por algo? Es un poco penoso admitirlo, pero Luella y yo nos enganchamos viendo un programa en la televisión llamado *Bailando con las estrellas.* La idea central del programa era que personalidades del entretenimiento cotidiano, con poco o nada de experiencia, hicieran pareja con bailarines profesionales para someterse a una competencia de baile de salón. Para las celebridades que no se dedicaban al baile, el programa básicamente necesitaba que pusieran su vida en pausa por un tiempo. Cada semana, eran responsables de aprender, dominar y ejecutar un baile nuevo y complicado. Al principio podíamos ver al participante abrumado por el catálogo de bailes que tenían que aprender y por los pasos específicos que debían conocer. Seguro que ya era difícil aprender a bailar adecuadamente un vals, pero ¡imagina bailar tango, baile de paso rápido, paso doble, foxtrot, samba, jive, rumba y chachachá!

Aunque estos bailes parecían ser movimientos fluidos, delicados y líricos cuando se bailaban correctamente, eran físicamente demandantes y agotadores. Estos bailes destrozan tus pies, hacen que tus dedos sangren y provocan que tus músculos te griten del dolor por medio de tendones que protestan. Los bailes también son demandantes a nivel mental. No solo tienes que recordar una serie de pasos complicados, sino que tienes que repetirlos y construirlos, pero tienes que recordar algunas imposiciones de la postura del cuerpo también. La forma en la que colocas tu cabeza, cuello, hombros, brazos, manos, cadenas y dedos logra que el baile se vea hermoso, forzado o incluso ridículo.

Empezar a bailar sin ninguna experiencia para que en poco tiempo alguien llegue al nivel de competencia se requiere un asombroso grado de compromiso, disciplina y sacrificio personal. Significa que se empieza a trabajar en el estudio de baile desde muy temprano hasta que llega la noche. Significa que debes dejar de hacer otras actividades de tu agenda y olvidar que tienes una vida social. Significa que tienes que exprimir tu cuerpo mucho más de los mismos límites que tenía antes. Significa que tienes que forzar tu mente que ya procesa las complicaciones del baile para que piense, comprenda y recuerde. Significa que tienes que empezar con un nuevo proceso la siguiente semana, aunque los jueces se hayan mofado de tu desempeño la última semana. Significa que debes sonreír a la cámara cuando todo lo que quieres es llorar, gritar o dar un golpe al muro más cercano.

Como hemos visto esta competencia semana tras semana, nos hemos sorprendido con el sacrificio. Esta es una competencia que involucra el cuerpo y la mente de forma integral, todo el tiempo. No puedes rendirte porque estás agotado, enojado, confundido, adolorido, avergonzado o aburrido. Y en cuanto hayas completado al arduo proceso de aprender un baile específico, no tendrás tiempo de celebrar porque es necesario que vuelvas a empezar con el proceso y aprender uno nuevo.

¿Por qué estas celebridades están dispuestas a hacer estos intensos sacrificios personales, mentales y físicos? La respuesta me asombró cuando me puse a pensar en ello. ¿Hacen todo este sacrificio por un beneficio dramático a corto plazo, por una breve exposición en televisión, para tener derecho de alardear y un modesto premio en efectivo?

Los seres humanos somos muy interesantes. Cuando ponemos nuestro corazón en algo, también estamos dispuestos a hacer sacrificios increíbles para lograrlo. **¿Te das cuenta de cuántos sacrificios personales estás dispuesto a hacer cada día?** Es sorprendente ver el tipo de sacrificios que una persona hará por un trabajo. Una persona llega a trabajar temprano, se queda tarde y trabaja los fines de semana, no porque su jefe lo obliga a hacerlo, sino porque desea recibir un aumento o un ascenso. Es extraordinario lo que una persona hace para sentirse aceptado, respetado, apreciado o amado por otra persona. Estaremos atentos a los caprichos de esa persona, nos acoplaremos a su horario, invertiremos tiempo, dinero y energía para complacerla. Es increíble observar lo que una persona hará para cambiar su hogar al hogar de sus sueños. Hará un préstamo por una cantidad de dinero exorbitante, invertirá muchísimo tiempo y tendrá una infinidad de conversaciones con contratistas, carpinteros y diseñadores. Vivirá entre el polvo y el caso en todos lados, se quedará relegado a acampar en una pequeña área de la casa que no pase por renovaciones y permitirá que el costo final se eleve más de forma progresiva. ¿Para qué? Para que pueda vivir en una casa que se imaginó desde el principio.

Podría seguir dando ejemplos y más ejemplos. Piensa en los sacrificios que una persona hace para perder peso, para tener una jubilación cómoda, para pagar esas vacaciones especiales, para lucir más joven, para ir a un restaurante exclusivo una sola vez, para obtener un grado académico, para ganar masa muscular, para ser un cocinero experto, para tener dientes estéticos, para pagar un buen par de zapatos, para pintar su casa, para comprar un dispositivo y todos los accesorios, para satisfacer algún tipo de apetito físico, para comprar muebles hermosos, para dominar un tema, para aprender un idioma, para comprar un vehículo, para sobresalir en un deporte, para la visita prolongada de un pariente o amigo, para ir a cazar o pescar, para ganar un puesto en el gobierno, para ir a un concierto, para protestar ante una injusticia social, para salir a relajarse. ¿Cuáles son tus sacrificios en este momento?

No puedes dividir a los seres humanos en "los que hacen sacrificios" y "los que no". Todos llevamos cargas en nuestro corazón por las que estamos dispuestos a hacer sacrificios. Lo que nos define es para qué o para quién estamos dispuestos a hacer estos sacrificios personales.

EL REINO DEL SACRIFICIO

Por todo el gozo y celebración, así como por todos los dones de vida y gracia, el reino de Dios es un reino de sacrificios. El suceso central en la historia de este reino es un sacrificio impactante e impensable. Este momento de sacrificio confundió a los seguidores que lo presenciaron y desde entonces, ha sido de gran interés para los teólogos. Al mismo tiempo, se ha tratado del evento más terrible, como el más hermoso en el reino. Es un sacrificio que tiene total lógica, pero a la vez, carece de ella. Este sacrificio forma la agenda operativa del reino desde ese momento.

Jesús, al verter su sangre y dejar que su cuerpo fuera crucificado, no solo dio vida y esperanza al reino de Dios, sino que también su paradigma de vida. La muerte que cambió la historia en la cruz también es un llamado de Cristo que cambia la vida de cualquiera que lo siga. Así como sucedió en la cruz, esa disposición a morir siempre traerá vida. Este es el reino de la cruz y todos los que celebran ese sacrificio reciben el llamado de cargar su cruz cada día.

VASIJAS DE ORO

Todos hemos escuchado la historia de que al final del arcoíris se busca una vasija de oro, pero la verdad es que todos nosotros vivimos en una búsqueda personal de algún premio como vasija de oro. **Este es el principio:** ***detrás del sacrificio de cada persona hay una búsqueda***

por un tesoro. Este principio no solo explica la vida y muerte de Cristo, sino el llamado que Cristo nos hace también.

> Supongamos que alguno de ustedes quiere construir una torre. ¿Acaso no se sienta primero a calcular el costo, para ver si tiene suficiente dinero para terminarla? Si echa los cimientos y no puede terminarla, todos los que la vean comenzarán a burlarse de él, y dirán: "Este hombre ya no pudo terminar lo que comenzó a construir". O supongamos que un rey está a punto de ir a la guerra contra otro rey. ¿Acaso no se sienta primero a calcular si con diez mil hombres puede enfrentarse al que viene contra él con veinte mil? Si no puede, enviará una delegación mientras el otro está todavía lejos, para pedir condiciones de paz. De la misma manera, cualquiera de ustedes que no renuncie a todos sus bienes, no puede ser mi discípulo.
>
> —LUCAS 14:28-33

Cuando lees este pasaje, te preguntas por qué Cristo pide a sus discípulos que sacrifiquen *todo.* Piensa en ello. No solo te pide algunas cosas, no pide la mayoría de las cosas. Dice: "quiero lo mejor de todo". No nos advierte que se tratará de algunas veces cuando tome algo preciado de nosotros, no, su llamado desde el inicio es: "Cualquiera de ustedes que no renuncie a todos sus bienes, no puede ser mi discípulo". ¿Por qué su llamado lo incluye todo?

Jesús vio a la gran multitud y no solo puso su atención en aquellos que sentían atracción por el ministerio por sus milagros y la autoridad con la que enseñaba. También vio a las personas que atravesaban por una guerra personal de ira. Entiende que cada persona que lo rodea es un adorador, eso significa que cada vida siempre tiene la forma de ese tesoro que busca y que ha definido en su corazón. Sabe que lo que sea que atesoren, eso es lo que da forma a sus decisiones, acciones y palabras. Sabe que harán sacrificios increíbles y personales para recibir, mantener y disfrutar lo que sea que atesoren. Entonces, al pedirle a sus seguidores que sacrifiquen todo, no solo les hace un llamado para que vivan sin nada. No, el llamado es que se vacíen de cualquier otro tesoro, que solo lo tengan a Él. Dice: "Si van a ser mis discípulos, debo ser el tesoro que dé forma y dirección a todo lo que decidan, digan y hagan".

Cristo nos pide que busquemos esas vasijas de oro adentro de nosotros. Quiere que busquemos en nuestra vida qué es lo que está tratando de ocupar su espacio en nuestro corazón. Como ves, Jesús demanda todo, no solo que nos sometamos a su control, sino para liberarnos del control de aquello que nunca se nos designó controlar. Este llamado se da juntamente con el llamado de la gracia. Jesús sabe que todos tendemos a encoger nuestra vida al tamaño de una vida simple. Sabe que por lo general intercambiamos lo espiritual por lo físico. Sabe que cada uno de nosotros termina poniendo la creación en el lugar que le corresponde al Creador. También sabe que la fe verdadera, en esencia, no trata del conocimiento teológico o la actividad ministerial. La fe verdadera tiene que ver con los tesoros de tu corazón. Un seguidor verdadero de Jesús lo mantiene como un tesoro central de su corazón, por lo que estará dispuesto a hacer sacrificios personales e importantes para buscarlo.

JESÚS DEMANDA TODO, NO SOLO QUE NOS SOMETAMOS A SU CONTROL, SINO PARA LIBERARNOS DEL CONTROL DE AQUELLO QUE NUNCA SE NOS DESIGNÓ CONTROLAR.

VIVIR CON LOS NUDILLOS BLANCOS

¿En qué parte de tu vida empuñas tu mano hasta el punto de que tus nudillos se vuelven blancos para defender lo tuyo? Conoces la escena: alguien trata de quitarle algo a otra persona y esta última aferra sus dedos fuertemente en su preciada posesión, hasta el punto de que sus nudillos se tornan blancos por esa fuerza. ¿Qué es lo que estás sujetando tan fuertemente? ¿En qué parte se ponen blancos los nudillos?

Tal vez sea en tu trabajo. Tal vez sea más cercano a tu identidad, significado y propósito, más de lo que creías. Tal vez se trata de una relación específica a la cual has aferrado tu felicidad y bienestar. Tal vez se trata de un logro, una posesión o posición. Examina tu vida. ¿Cuáles son aquellas cosas que dan batalla para tomar el lugar que le corresponde al Señor?

Lo que nos impacta del llamado de Cristo al sacrificio es que nos ha llamado a morir. No, no toma nuestra vida en el sentido físico, sino que nos pide que sacrifiquemos fundamentalmente todo lo que es precioso para nosotros, como si hubiéramos muerto. La idea que da es que el tesoro central en nuestro corazón no puede ser eso que consideramos precioso, por eso, nos llama a morir a nuestra relación más preciada. Nos llama a morir al plan que teníamos para nuestra propia vida. Nos llama a morir a todas las cosas que hemos establecido en nuestro corazón, en lo que creemos que nos hará felices y que nos dará satisfacción permanentemente. Nos llama a que abramos nuestros puños y cedamos otros tesoros que pudieran controlar nuestras decisiones, determinar nuestras acciones y editar nuestras palabras. Jesús sabe que no podemos seguirlo y mantener cerrados los puños para sujetar todo eso al mismo tiempo, porque entonces, terminarían sujetándonos a nosotros.

JESÚS SABE QUE NO PODEMOS SEGUIRLO Y MANTENER CERRADOS LOS PUÑOS PARA SUJETAR TODO ESO AL MISMO TIEMPO, PORQUE ENTONCES, TERMINARÍAN SUJETÁNDONOS A NOSOTROS.

Jesús nos llama a reconocer que lo que alguna vez quisimos, lo volvimos en una necesidad por nuestra convicción y que ahora, incluso lo hemos vuelto una adicción. No tenemos la capacidad de sujetar bien. Una y otra vez experimentamos que aquello que una vez sujetamos, ahora nos controla. Entonces, nos llama a abrir nuestras manos y ofrecerlo todo para que lo tome. Celebramos su llamado al sacrificio, porque la libertad siempre es bienvenida. Este llamado a morir es una bienvenida a una nueva y maravillosa vida. Aquel que hace este llamado es el mismo que se dio en sacrificio, el suceso principal del gran reino. Estuvo dispuesto a dejarlo todo, incluso a morir para que pudiéramos vivir en su búsqueda, que nos sintiéramos libres del cautiverio a todas las demás cosas que podrían controlarnos.

Piensa en toda la ira, la ansiedad, la irritación, la impaciencia, la envidia, el temor, el desánimo, la obsesión, la venganza, la amargura y la violencia que surgen de tesoros menores que controlan nuestro corazón. Piensa cómo la vida de una persona se distorsiona cuando vive enteramente para sí. Piensa en todo lo malo que puede pasar cuando dejo que otra persona se vuelva el valor central en mi vida. Piensa en las consecuencias de que mi vida esté controlada por la búsqueda de una determinada posición o posesión. ¿Por qué me enojo contigo? ¿Por qué tengo dificultad para mantener la paciencia? ¿Por qué me consume la envidia o la amargura? ¿Por qué quiero planificar una venganza? ¿Qué me orillaría a hablarte de una forma descortés? No hago todo esto porque eres una persona imperfecta, lo hago porque en tus imperfecciones, te interpones en el camino de lo que atesoro y mientras tenga aquello que defiendo con mis manos, hasta el punto de que mis nudillos se vuelven blancos, tú y yo experimentaremos un conflicto. Solo cuando mi corazón le pertenezca a Cristo es cuando estaré libre de la búsqueda ansiosa e impulsiva de las cosas que no puedo sostener adecuadamente, aquello que no puedo controlar y que se evaporará rápidamente. Debido a que el gran reino es un reino de sacrificio, también es un reino de libertad.

SOLO CUANDO MI CORAZÓN LE PERTENEZCA A CRISTO ES CUANDO ESTARÉ LIBRE DE LA BÚSQUEDA ANSIOSA E IMPULSIVA DE LAS COSAS QUE NO PUEDO SOSTENER ADECUADAMENTE, AQUELLO QUE NO PUEDO CONTROLAR Y QUE SE EVAPORARÁ RÁPIDAMENTE.

La única forma en que el reino puede ser un lugar de vida nueva, lleno de gloria, es cuando hay espacio para la muerte. Jesús nos llama a morir a todos los tesoros que pueden convertirse en el tesoro fundamental del corazón. Cuando valoras a Dios más que a cualquier cosa en tu vida, dejas de encogerte al tamaño de lo que estás sujetando en tus manos y dejas de controlar esos planes. Empiezas a vivir por algo mucho más grande que tú. Cuando sujetas todo en tu vida con las manos abiertas para que Él tome todo, engrandeces todo lo que tocas a la medida del reino.

LA PREGUNTA FINAL: ¿PARA QUÉ REINO ESTÁS HACIENDO SACRIFICIOS AHORA?

¿ALGO TE INCOMODA?

16

CORAJE

dra-ma: Una situación o cadena de sucesos de la vida real que avanzan en una obra teatral o una historia

EN RESUMEN: VIVIR EN EL GRAN REINO ES LA VIDA QUE HACE EL BIEN, CON CORAJE.

No olvidaré la primera vez que vi la película *Magnolia.* Aunque dudaría en recomendar esta película al lector de libros cristianos, debo decir que sí tenía un argumento absorbente, personajes interesantes, detalles confusos, temas que parecían contradictorios y una historia de varios hilos que se desarrollaron en formas inesperadas. Fue difícil ver la representación del pecado y el quebrantamiento, pero fue un drama cautivante. Al llegar a la conclusión de la película, ¡no podía creer lo que estaba viendo! Tenía reacciones que iban y venían entre la impresión decepcionante y la confusión. Pero había algo de lo que estaba seguro: en realidad, no había entendido la historia del todo. En realidad, quería verla de nuevo. He visto *Magnolia* varias veces desde entonces y ya no me sorprende, porque ahora entiendo de qué se trata el argumento.

El relato bíblico acerca de la construcción del gran reino es también una historia impactante. Debido a ello, se necesita verla una y otra vez. Esta historia es el drama más importante que jamás se haya registrado y sería imposible comprenderlo del todo al leerlo una sola vez. Y así, a medida que pensamos cómo es realmente tener una vida del reino, te invito a que pienses en esta historia nuevamente, hagámoslo juntos. Quiero invitarte a que examines el argumento en una forma en la que probablemente no lo hayas examinado antes. Para hacerlo, quiero citar un pasaje muy conocido de las Escrituras, del que estoy convencido que se ha malinterpretado muchas veces. Ese pasaje es Santiago 1:19-20: "Mis queridos hermanos, tengan presente esto: Todos deben estar listos para escuchar, y ser lentos para hablar y para enojarse; pues la ira humana no produce la vida justa que Dios quiere."

CRÓNICAS DE IRA

Para comprender este pasaje por completo y de forma práctica, debes entender cómo es que trabaja la Biblia. En esencia, narra las historias. Podría ser más exacto decir que la Biblia es una historia con anotaciones teológicas. Estas notas van en la historia para que el lector comprenda. Santiago 1:19-20 no es una forma de vida mecánica o un principio bíblico aislado. Este pasaje está enraizado en el argumento de una guerra entre el reino de Dios y el reino de uno mismo. Quiero explicarte.

La Biblia está organizada de tal manera en que el contenido principal es despliegue del drama en la historia de redención. Pero como ya dije, es una historia que trae anotaciones. De un lado de la narrativa están los *planteamientos*. En esos planteamientos, los grandes temas de la historia se sintetizan en las declaraciones universales verdaderas. El propósito de estas declaraciones es ayudarte a entender el argumento de la historia.

Por el otro lado tenemos la narrativa de los *principios*. Los principios corresponden a la historia de las situaciones y relaciones de cada día. El propósito de los principios es ayudarte a saber cómo se ve la vida dentro de la historia de Dios.

Esto nos lleva a Santiago 1:19-20. En este versículo encontramos un *principio*: "Todos deben estar listos para escuchar, y ser lentos para hablar y para enojarse" y un *planteamiento:* "Pues la ira humana no produce la vida justa que Dios quiere". Quiero explicarte el planteamiento en una forma que sea cercana a su forma original. *"La ira del hombre no funciona con la causa justa de Dios"*. Cuando ves la declaración de esta forma, empiezas a entender lo que dice Santiago en realidad. No solo está diciendo que está bien ser bueno y tranquilo, sino que también dice algo mucho más profundo.

Lo que Santiago está diciendo es que la historia de Dios es una historia de coraje. **Esta historia podría recibir el nombre de: "La guerra santa e impura". La narrativa de la Biblia es una historia de dos tipos de ira.** Primero está la ira de Dios. ¿Por qué Dios está enojado? Lo está porque Él quiere hacer su voluntad, dentro de su santidad, justicia, perfección y amor. La segunda ira es la ira de las personas. ¿Por qué la gente está enojada? Nuestro enfado se debe a que queremos hacer las cosas a nuestra manera, en nuestra forma impura, egoísta, injusta, imperfecta, sin amor. Estas dos iras no pueden coexistir. Son exclusivas e independientes. A medida que avanzas en la historia bíblica, encontrarás la ira de Dios y la de la gente y simplemente sabes que estas dos iras llegarán a un punto de enfrentamiento. La Biblia es la crónica de estas dos iras que se oponen.

A medida que avances en la historia, conocerás que la ira de Dios inició muy pronto, desde que expulsó a Adán y Eva del jardín del Edén. La ira de la gente va detrás, muy cerca, desplegándose en ese momento impactante del asesinato entre hermanos, cuando Caín le quitó la vida a Abel por un arranque de celos. La historia está marcada con la violencia de estas dos iras. Puedes ver la ira de Dios contra Israel por el robo que hizo Acán, puedes ver la ira de Nabucodonosor cuando lanzó a los tres jóvenes israelitas en el horno de fuego y puedes ver la ira de Dios cuando reduce a ese monarca arrogante a una bestia salvaje. Ves a Israel descender en un atolladero social y político de envida y odio, ves a reyes matando reyes por poder y por el trono, y ves a Dios midiendo su ira contra su pueblo que lo ha dejado por otros dioses. Ves la ira del pueblo en el infanticidio que Herodes ordenó contra un país por el nacimiento de Cristo y ves la ira de Dios como Cristo, en una furia santa que va contra aquellos que convirtieron la casa de oración en un mercado. Estos son solo algunos de los incidentes registrados, pero dejan claro cuál es el punto. Las dos iras están en guerra, una contra la otra, no pueden estar en paz entre ellas.

DOS IRAS, DOS CAUSAS

A medida que la historia avanza, te das cuenta de que dos reinos no pueden coexistir juntos. Dios no puede, y no lo hará, y tampoco abandonará su causa justa, su plan glorioso. Su celo lleno de ira por su causa justa es la esperanza del universo. La esperanza del universo es que Dios levante su ira contra todo lo que se interponga en el camino de su causa. La manera de Dios es la correcta, su voluntad prevalecerá.

> LA ESPERANZA DEL UNIVERSO ES QUE DIOS LEVANTE SU IRA CONTRA TODO LO QUE SE INTERPONGA EN EL CAMINO DE SU CAUSA. LA MANERA DE DIOS ES LA CORRECTA, SU VOLUNTAD PREVALECERÁ.

Aún así, muchos parecen incapaces espiritualmente de abandonar su causa. El hombre quiere lo que quiere, cuando lo quiere y como lo quiere. Se aferra con determinación a lo que hay en su corazón. No tiene deseos de comprometerse y no quiere esperar tampoco. Está enojado contra todo o cualquier que se ponga en su camino. Su enojo es su perdición.

Lo que Santiago dice es que la ira del hombre tiene una imperfección fatal: no está motivada por la causa justa de Dios. Debido a que no queremos lo que Dios quiere, no estamos airados cuando él lo está y, al contrario, lo hacemos cuando Él no lo está. Debido a que no nos motiva lo que Dios desea lograr, nuestra ira y la ira de Dios no se llevan bien.

A medida que lees la historia bíblica, casi sientes el drama. Casi puedes oler el humo de la guerra y te estarás preguntando, ¿ganará la ira de Dios? ¿Se rendirá en su enojo y permitirá que el hombre actúe de forma egoísta? ¿Nos destruirá a todos? ¿Alguna vez el hombre tendrá la razón? ¿Alguna vez cederán a buscar sus causas egoístas? ¿Alguna vez estará enojado *del lado de* Dios, en lugar de estar enojado *contra* de Dios? ¿Cómo terminará esta historia?

EL ENFRENTAMIENTO

Ves cómo la ira de Dios y la de los hombres se han ido entretejiendo a través de la historia bíblica, por lo que te atrapa el temor del enfrentamiento que viene. Sabes que cuando estas dos iras se enfrenten, todo será un gran desastre. Dios quiere que todo sea santo y que se haga su voluntad, esa es la esperanza dorada del universo. Dios es muy claro cuando dice que no abandonará su causa justa. Aun así, el hombre busca aquello que es pagano porque demanda hacer las cosas a su manera, la cual es muy diferente a la de Dios. Simplemente no puede haber distención entre estas dos iras.

Finalmente, estas dos iras se enfrentan, pero de una manera inimaginable. El enfrentamiento es en un hombre, en Jesús. La ira explota en un momento dramático de gracia violenta y de cambio eterno en la cruz. Escucha las palabras del primer sermón de Pedro en Hechos 2:22-24:

> Pueblo de Israel, escuchen esto: Jesús de Nazaret fue un hombre acreditado por Dios ante ustedes con milagros, señales y prodigios, los cuales realizó Dios entre ustedes por medio de él, como bien lo saben. Este fue entregado según el determinado propósito y el previo conocimiento de Dios; y, por medio de gente malvada, ustedes lo mataron, clavándolo en la cruz. Sin embargo, Dios lo resucitó, librándolo de las angustias de la muerte, porque era imposible que la muerte lo mantuviera bajo su dominio

¿Qué llevó a Cristo a la cruz? La ira del santo Dios que no podía tolerar un mundo de pecado y rebelión, ya no más. Este Dios planeó expresar su ira en una forma justa. Sin embargo, la ira de los hombres también llevó a Cristo a la cruz. Los hombres airados que querían hacer todo a su voluntad, odiaron al Mesías y lo llevaron a la cruz. **Entonces, en esa colina de muerte, toda la ira de Dios y toda la ira del hombre se enfrentaron sobre el mismo Cristo. Fue Cristo quien llevó la matanza de ese enfrentamiento para que nosotros nunca más volviéramos a llevarla encima de nosotros.**

Este momento de ira no provocó juicio ni condenación, porque se trató de la ira violenta de la gracia. En la cruz, Cristo nos libertó por gracia para darnos una nueva vida.

LO BUENO Y EL CORAJE

¿Qué buscaba Dios que surgiera de la cruz? ¿Sería su meta un reino de gente sin emoción? No, la cruz estaba diseñada para producir hombres que tuvieran coraje cada día. Tal vez piensas que no está claro: "No entiendo. Pensé que la ira era algo malo y destructivo. ¿No se trataba de que Dios quería que fuéramos pacificadores?"

Es cierto que la ira es peligrosa y destructiva y la razón es que se trata de una ira idólatra. No me enojo por tu quebrantamiento o por el quebrantamiento del mundo, sino porque ¡te interpones en mis deseos! En la cruz, Cristo murió para liberarnos de este tipo de ira, pero no del coraje. **Como ves, si vives para el gran reino, estarás airado del *lado de* Dios, en lugar de *contra* Dios.**

Jesús murió para producir una cultura de hombres y mujeres que se enamoraran de él, hasta el punto de estar comprometidos con esa causa justa, y que estuvieran tan agobiados por lo que el pecado les había provocado a ellos y al mundo. Esto los empuja a ser personas con coraje todos los días. Ese coraje no es el enojo pasado, egoísta e impío. Estas personas pueden ser buenos *y* valientes al mismo tiempo.

Este coraje es un celo insaciable por la causa de Dios y una distancia clara del pecado. Este coraje de compasión no puede hacer más que buscar aliviar a quienes están sufriendo por el daño que ha provocado el pecado. Este es el coraje de misericordia que da respuesta a lo ilógico del pecado para poder entenderlo con gracia. Es el coraje de la restauración que se rehúsa a condenar, pero que cree que los rebeldes perdidos pueden reconstruirse a la imagen de Jesús. Este es el coraje del servicio que encuentra deleite en ayudar a los peregrinos abatidos para llevar su carga. Este es el coraje de paz que odia la división que el pecado ha provocado en nuestro mundo y hace todo lo posible para restaurar la armonía. Este es el coraje del perdón que odia la culpa del pecado y desprecia la vergüenza.

Jesús murió no solo para librarnos de la ira, sino para permitirnos armarnos del coraje en justicia. Murió para que dejaras de acumular ira dentro de ti contra esas personas y circunstancias que son como obstáculos que impiden la realización de los anhelos de tu propio reino. Murió para que no tuvieras que quedarte cautivo de tu propia ira, la que te absorbe en tu pequeño y claustrofóbico reino. Murió para que tu ira fuera en contra del pecado y la forma en la que te ha lastimado a ti y a todos los que te rodean. Murió para que tu coraje sea santo y para su agrado. Murió para que tu coraje te impulse a actos de misericordia, amor, perdón, compasión, restauración y paz.

MURIÓ PARA QUE TU IRA FUERA EN CONTRA DEL PECADO Y LA FORMA EN LA QUE TE HA LASTIMADO A TI Y A TODOS LOS QUE TE RODEAN.

CORAJE: DRAMAS PEQUEÑOS Y DRAMAS GRANDES

Este enorme drama donde se enfrentan dos iras opuestas, en una función afuera de las páginas de la Escritura, es el pequeño drama de tu vida también. Tu respuesta a las situaciones y relaciones de la vida diaria darán forma a cualquiera de estas dos iras, a la que domine tu corazón. ¿Cederás a la tentación para pelear por tus propios medios? O, ¿te aferrarás al hecho de que Jesús murió por ti, no para la obra de tu reinito, sino para invitarte a un mejor reino? ¿Harás que su causa justa sea la tuya y expresarás ese coraje necesario de gracia que te obligará a hacer una diferencia a dondequiera que vayas?

¿Serás ese amigo armado de coraje, no contra tus amigos con sus defectos, con sus presiones, sino por ellos, porque ves lo que el pecado hace en ellos y porque quieres lo mejor para ellos? ¿Serás ese cónyuge con coraje, no el que lucha contra su cónyuge, sino el que lucha *a favor* en su batalla contra el pecado? ¿Serás un ciudadano con coraje, del tipo que rechaza tolerar la pobreza, el racismo, la corrupción y la injusticia? ¿Serás del tipo de persona hace el bien con coraje para...

sacrificarte por amor?
actuar con el coraje de restauración por misericordia?
responder con un coraje rescatador de justicia?
actuar con un coraje de reconciliación de paz?

Cuando te llenas de coraje en esta forma, dejas de ser cautivo al sueño que se enfoca en ti mismo. Tu coraje ahora es el resultado de tomar la causa de Dios y de extender todo lo que tocas a la medida del reino de Dios.

Sarah tiene coraje, todo lo ve con coraje. No se irrita fácilmente, no tiene muchos conflictos en su vida, no la conocen por gritar ni discutir, pero Sarah tiene coraje. Tiene coraje por todas esas personas mayores que han dejado solas en asilos, por lo que pasa las tardes de los domingos en esos lugares, yendo de habitación en habitación. Tiene coraje con la cultura de educación superior en donde muchos niños locales no aprenden a leer, por lo que ayuda a los niños los martes en la noche. Tiene coraje de que muchas amistades finalicen en conflictos sin reconciliación, por lo que se esfuerza por ser pacificadora cuando puede. Sí, Sarah tiene coraje, pero no se trata de ira enfocada en ella en el reinito. No, su coraje viene del gran reino y la impulsa a buscar formas de hacer el bien.

LA PREGUNTA FINAL: AHORA MISMO, EN EL LUGAR EN DONDE VIVES TODOS LOS DÍAS, ¿A QUÉ REINO SIRVES CON CORAJE?

¿QUÉ TE DA ESPERANZA EN EL MUNDO?

17

ESPERANZA

ex-pec-ta-ti-va: Desear con confianza que algo suceda

EN RESUMEN: LA ESPERANZA VERDADERA NUNCA DECEPCIONA, NUNCA ESPERA EN ALGO, SINO EN ALGUIEN.

Me puse a pensar en este último capítulo. Tenía una encrucijada conmigo mismo sobre cómo terminar nuestra reflexión de la vida del gran reino. Y me llegó tan profundamente el pensamiento más radical, el que me indica que lo más importante en la vida del gran reino es la esperanza. La razón por la que quizás la obvias es porque hay muchas personas que se sienten motivadas momentáneamente por una esperanza sin fundamento. Eso significa que hasta que se den cuenta de que la fuente de su fe no es confiable, para ellos seguirá funcionando. Esta es la razón que provoca que veamos en este mundo caído a mucha más gente con esperanza de la que realmente existe.

Cuando se trata de vivir con esperanza en un mundo que está terriblemente quebrantado, existen solo dos tipos de personas. La primera clasificación es para quienes viven en *una esperanza temporal, la que lo decepcionará pronto.* Es porque fundamentaron su esperanza en algo que fallará, por lo que es cuestión de tiempo antes de que se desvanezca. La segunda clasificación es para quienes viven con una *razón válida para la esperanza.* Su esperanza no está destinada a desaparecer porque se ha fundamentado en algo que nunca decepcionará. Esta esperanza se logra únicamente cuando vivimos para el gran reino.

DECEPCIÓN DECEPCIONANTE

Te estarás preguntando, ¿por qué la esperanza real es tan difícil de encontrar y tan radical? ¿Te has detenido a examinar el mundo en el que vives? Piensa en ello. Existen muchas cosas en tu vida que no te van a decepcionar. Piensa en el siguiente ejemplo de la vida real.

Ben y Emily se sentaron enfrente de mí con una energía increíble y llenos de esperanza. Sus ojos brillaban con intensidad cuando se veían uno al otro al punto que era difícil captar su atención. De hecho, creo que hubo momentos en que olvidaron que estaba ahí con ellos. Estaban en mi oficina para una consejería prematrimonial, pero creo que pensaban que no la necesitaban. Estaban cumpliendo con el requisito de la consejería para que la iglesia les permitiera usar las instalaciones para la ceremonia. Se profesaron un respeto y compromiso profundo uno al otro. Emily dijo que su comunicación era excelente y que habían tenido mucho éxito al resolver las diferencias que se habían dado entre ellos. Ben y Emily se sentaron uno al lado del otro, tomados de la mano y con grandes sonrisas en sus rostros y eso me atemorizaba. Estaban poniendo demasiada garantía de su sentido personal de bienestar, significado, seguridad y esperanza; pensaban que la otra persona asumiría todos esos factores. Su esperanza descansaba en la creencia de que el otro no los decepcionaría.

Seis meses después estaban otra vez en mi oficina, pero en esta ocasión, no se sentaron uno al lado del otro. Ya no había sonrisas en sus rostros. Se habían enfrentado con la impactante realidad de que cada uno era un pecador casado con otro pecador. Habían tomado decisiones imprudentes y habían roto sus promesas. Los conflictos que habían dejado sin resolver dejaron un legado de heridas que habían dificultado su comunicación. Los problemas no eran enormes, pero eran como malezas de un jardín, como la vida en un mundo caído. Sin embargo, aquello que podía ver resaltado era que la esperanza que había sentido ese joven matrimonio se había ido.

MUNDO DECEPCIONANTE, ESPERANZA RADICAL

Esta pareja que algún día había tenido esperanza ahora albergaba decepción. Habían fallado. Su situación no era con la que habían soñado. Tenían problemas para lidiar con todo. Como ves, la música de la vida en este mundo quebrantado, generalmente ejecuta notas lúgubres porque es la música de la decepción. Piensa en esto un momento. No existe casi nada en lo que te hayas involucrado que no te haya decepcionado de alguna manera. La casa que compraste te ha dado problemas que nunca anticipaste. Cada amistad que has tenido te ha decepcionado en alguna manera también. Tu trabajo no siempre te ha dado el ánimo y la emoción que esperabas. Cuando empezaste a ir a la iglesia, quizás pensaste que era la mejor iglesia del mundo. Ahora que ha pasado tiempo puedes ver las diferentes imperfecciones y tu evaluación es mucho más realista. Así es la vida en un mundo caído. De hecho, es exacto decir que la decepción es una experiencia universal de cada ser humano y que la tristeza es el sentimiento del cual nunca nadie se ha escapado. Debido a ello, necesitamos decir que lo más radical del gran reino de Dios es que es un reino de esplendor, luz, motivación personal, esperanza eterna. La esperanza de este reino descansa sobre algo que ya fue resulto, que es seguro y que nunca, nunca, decepcionará.

PIENSA EN ESTO UN MOMENTO. NO EXISTE CASI NADA EN LO QUE TE HAYAS INVOLUCRADO QUE NO TE HAYA DECEPCIONADO DE ALGUNA MANERA.

ENTONCES, ¿QUÉ HAY CON LA ESPERANZA?

¿Alguna vez te has preguntado por qué nadie ha escrito un libro sobre cómo deprimirse? ¿Por qué nadie ha escrito un libro que se llame

'Siete formas de volverme más temeroso'? O, ¿por qué no han escrito uno que se llame 'Siete pasos a una vida altamente efectiva en la decepción'? Nadie ha escrito ninguno de estos libros porque simplemente no son necesarios. La vida es difícil en este mundo que ya es un mundo caído. A veces sentimos que por un paso que tomamos retrocedemos tres. En ocasiones pareciera que estamos a punto de cumplir nuestros sueños, cuando se evaporan frente a nuestros ojos. Con frecuencia pareciera que los malos ganan y los buenos solo son aplastados. Hemos pasado por momentos que pareciera que ser malvado es algo bueno porque ser honesto no nos ayuda a avanzar. Cuando ves con detenimiento lo que sucede alrededor, te das cuenta de que no ilógico pensar que la esperanza es la ocupación a la que se dedican los necios.

Pero abre tu mente, deja tus temores de lado por un momento y piensa conmigo. Si estás casado, admítelo, no estás feliz con absolutamente todos los aspectos de tu cónyuge o con todo lo que has pasado en tu matrimonio. En todas las alegrías y bendiciones, siempre ha habido algo con lo que tu matrimonio ha tenido dificultad, incluso en estos mismos momentos. También piensa en tu trabajo, a veces ha sido decepcionante para ti. Tal vez es la relación que tienes con tu jefe. Al principio sentiste que tenías una buena conexión y complementabas bien, pero ahora, existen tensiones que no comprendes del todo, o tal vez se trate de tus compañeros de trabajo. Sientes que estás más en una competencia con ellos, que trabajando todos juntos en comunidad. Tal vez se trate del trabajo en sí, tal vez es que nunca te sentiste tan comprometido o te imaginaste que te llenaría más.

Nunca ha existido un padre de familia que no se sintiera decepcionado en alguna manera. Soñamos con la idea de tener hijos y soñamos en qué harán cuando sean grandes. Sin embargo, los sueños son difíciles de cumplir. Nuestros hijos tienen dificultades en formas que nunca predecimos y hacemos grandes esfuerzos con nuestros hijos en áreas en las que nunca nos imaginamos que ellos nacerían. En algún momento del proceso nuestro viejo idealismo se marchita y solo esperamos poder sobrevivir al proceso y seguir amándonos unos a otros.

Tal vez se trate de que has llegado a tu límite con las amistades y te sientes increíblemente solo, preguntándote si alguien se preocupa por ti. Tal vez te sientes herido porque aquel amigo que se profesaba tu amigo te traicionó. Tal vez estás cansado de las relaciones superficiales y sin significado, aquellas que nunca llegan hasta el punto de amistades verdaderas. O tal vez la decepción que sientes es contigo mismo. Tal vez sientes que eres muy bueno en hacer las cosas equivocadas en el momento equivocado, quitándole futuro a una amistad prometedora. Cada uno de nosotros, vive amistades que nos han decepcionado en alguna forma.

Por otro lado, es posible que la decepción más grande en tu vida haya sido la iglesia. Lees en la Biblia cómo debería ser la iglesia, pero pareciera que nunca alcanzan esa meta. Hay muchas oportunidades para hacer amistades y servir en un ministerio, pero todo parece un sistema diseñado con errores en una empresa que parece ser espiritual. Has participado en cada nivel, pero todavía falta algo.

Es posible que tu mayor decepción en la vida eres tú. Nunca has sido la persona que querías ser ni tampoco has logrado lo que te habías propuesto. En tus momentos tranquilos y lógicos, sabes que nadie más que tú tiene la culpa. Te has librado de las consecuencias, aun cuando debiste haberte hecho responsable. Culpas a otros cuando deberías hacerte responsable, así como también racionalizas muy bien tu bajo desempeño al repetir las situaciones difíciles que hay alrededor de ti. Cuando tienes momentos de introspección, no es difícil decepcionarte al ver en quién te has convertido.

A LA LUZ DE ELLO, UNA DE LAS COSAS MÁS RADICALES ACERCA DEL GRAN REINO DE DIOS ES QUE EL REINO ES BRILLANTE, RESPLANDECIENTE Y CON ESPERANZA ETERNA.

Así es, hay muchas razones para estar desanimado. Hay unas razones para tener miedo. Ningún ser humano ha tenido una vida completamente libre de decepciones. A la luz de ello, una de las cosas más radicales acerca del gran reino de Dios es que el reino es brillante, resplandeciente y con esperanza eterna.

ESPERANZA DECEPCIONANTE

Pablo nos menciona, de forma muy discreta, un principio fundamental del reino, lo leemos en Romanos 5:1-5.

> En consecuencia, ya que hemos sido justificados mediante la fe, tenemos paz con Dios por medio de nuestro Señor Jesucristo. También por medio de él, y mediante la fe, tenemos acceso a esta gracia en la cual nos mantenemos firmes. Así que nos regocijamos en la esperanza de alcanzar la gloria de Dios. Y no solo en esto, sino también en nuestros sufrimientos, porque sabemos que el sufrimiento produce perseverancia; la perseverancia, entereza de carácter; la entereza de carácter, esperanza. Y esta esperanza no nos defrauda, porque Dios ha derramado su amor en nuestro corazón por el Espíritu Santo que nos ha dado.

Pablo celebra las implicaciones de aceptar la gracia de Dios en nuestra vida diaria. Dice que la gracia de Dios nos da incluso la razón para tener esperanza, incluso en el momento del mayor sufrimiento. Con frecuencia, el sufrimiento es aquello que opaca nuestra esperanza, pero no tiene efecto en Pablo. Lo que da esperanza a Pablo no son las situaciones o relaciones de su vida como algo fácil de manejar y que funcione. No, la esperanza de su vida está a un nivel más profundo. Esa es la forma en la que puede mantener su esperanza incluso cuando se encuentra en circunstancias que son difíciles y dolorosas.

Este es el punto del debate que Pablo dejar ver de forma sutil, pero que, al verlo, es un principio explosivo: **si tu esperanza te decepciona, es la forma incorrecta de esperanza.** Como ves, la esperanza en Dios nunca decepciona y es precisamente porque es la esperanza *en Dios.* Eso significa que la esperanza que ponemos en otras cosas siempre se convertirá en un sentimiento de decepción. Dejemos que este principio surta efecto. Date tiempo para pensar cuán importantes son sus implicaciones y cuán lejos llegan en la vida.

¿Qué significa cuando decimos que esperamos algo? En esencia, es la esperanza de *un deseo que mezcla la lógica o la expectativa confiable del cumplimiento.* Pero la esperanza es mucho más que eso. Cuando pongo mi esperanza en algo, estoy dejando en ello mi sentido de bienestar, identidad, significado y propósito de una u otra forma. En esta forma *"necesito"* que mis esperanzas se vuelvan realidad porque conecté mi vida con esas esperanzas. Debes darte cuenta de que cada ser humano hace esto. Si sigues con vida y tienes la posibilidad de pensar y sentir, tienes tu esperanza en algo. Cada tipo de esperanza permite que cada persona se levante de su cama en la mañana. También es el origen de las decepciones en un nivel universal de experiencia humana, porque la gran cantidad de lo que esperamos no se cumplirá. Y así... seguimos jugando con nuestras cartas con la esperanza de que tarde o temprano vamos a extraer un as. Pero el grupo de cartas que tenemos no tiene ningún as. *La razón por la que tus esperanzas te decepcionan es porque se trata de la esperanza equivocada.*

OTRA MANERA

Pero la esperanza se maneja en otra manera. La vida del gran reino es una vida con garantías. El reino de Dios *sí* vendrá. Mi reino no. Su *voluntad* se hará, mientras que hay una buena posibilidad de que la mía no se cumpla. Dios hará que todas las cosas lleguen a una conclusión gloriosa. Cada promesa que Él ha hecho se hará realidad. Todo lo que hemos encontrado, vivido y soportado tiene un propósito. Tendrá un conteo final. Vendrá un momento real cuando la maldad será derrotada completamente. Todos los hijos de Dios asistirán al funeral de la muerte porque la misma muerte morirá. La misericordia reinará por siempre. De hecho, los mansos heredarán la tierra. La paz estará en la tierra por siempre y para siempre. Finalmente, llegará el día en que el sufrimiento, la aflicción, el pecado y el dolor terminarán.

El problema es que cuando elevamos los deseos de nuestro reinito al nivel de "necesidad", dejamos de vivir con garantías. Y es que Dios no ha prometido darte todo lo que esperas, deseas y que tú mismo has creído que son cosas con las que no puedes vivir. Has unido tu felicidad a un matrimonio profundamente romántico, sin embargo, Dios no ha prometido darte ese tipo de matrimonio. Has conectado tu identidad a una carrera prolongada y exitosa, pero Dios no ha prometido dártela. Has colocado tu bienestar en tu salud física o material, pero Dios no ha garantizado que las recibirás. Has colocado tu valor en ser un padre exitoso con niños que han logrado premios y reconocimiento, pero Dios no se ha comprometido con darte el sueño de tu familia. Claro que todas estas cosas son deseos maravillosos y experiencias de vida que valen la pena, pero están fuera de tu control y tu Redentor no ha garantizado que te las dará.

EL PROBLEMA ES QUE CUANDO ELEVAMOS LOS DESEOS DE NUESTRO REINITO AL NIVEL DE "NECESIDAD", DEJAMOS DE VIVIR CON GARANTÍAS. Y ES QUE DIOS NO HA PROMETIDO DARTE TODO LO QUE ESPERAS, DESEAS Y QUE TÚ MISMO HAS CREÍDO QUE SON COSAS CON LAS QUE NO PUEDES VIVIR.

Adicional a ello, cuando todo esto controla tu corazón y lidera tus esperanzas, tiendes a juzgar la fidelidad de Dios, no si ha sido verdadero con sus promesas, si no si te ha dado aquello que has fijado en tu corazón. Pero aquí yace el dilema redentor. Si Dios te da las cosas que tienen un lugar en ti, lugar que se supone le corresponde a Dios, ¿no sería incentivar en ti las adicciones más profundas en donde la gracia ya te ha dado libertad?

De hecho, estoy convencido de que mucha de la resistencia que atribuimos al enemigo en realidad, es resistencia del Señor. Él está de pie contra nosotros y no porque no nos ame, sino por *en realidad* nos ama. Él está ahí, enfrente de nuestro camino porque lo que queremos está espiritualmente en el camino de lo que *Él* quiere para nosotros.

La marca de la cristiandad que presenta Dios como el garante máximo de lo que sentimos como necesidades, siempre es algo sin futuro y contraproducente. Como ves, nos enfrentamos con la desesperanza y la duda porque las cosas "buenas" que queremos parecen constantemente fuera de nuestro alcance. La ironía es que ya estamos recibiendo las mejores cosas de sus manos, pero no las hemos reconocido.

Tu esperanza está totalmente conectada al reino al que das tu servicio. Si tu vida está definida por la cantidad de los propósitos de tu reinito que puedes cumplir, estarás continuamente con estrés, deseo de control, ansiedad, decepción y temor. Has definido tu vida por lo que no puedes controlar y por lo que Dios no ha prometido. También es triste ver que todo es contraproducente, pero si dejas de descansar en tu propia prudencia, fuerza y carácter, si dejas de descansar en la aceptación y desempeño de otros, y si dejas de descansar en la idea de que las circunstancias, instituciones y situaciones no te fallarán, entonces empiezas a avanzar hacia una esperanza confiable.

TU ESPERANZA ESTÁ TOTALMENTE CONECTADA AL REINO AL QUE DAS TU SERVICIO.

La esperanza del gran reino descansa en un lugar, solamente en uno: Dios. Es la confianza profunda, arraigada y que día a día actúa en confianza de que Dios es la fuente máxima de toda sabiduría, verdad, amor y bondad, y que Él está haciendo lo mejor, además de que todo lo que prometió, se hará. La única esperanza que no decepcionará es la esperanza en una persona. La esperanza del gran reino trata de confiar mi pasado, presente y futuro, mi identidad, significado y propósito y mi motivación de función diaria en Dios, descansar confiadamente en Él. Claro que todavía tendré que enfrentar decepciones de vida en este mundo caído. Sin embargo, no tendré pánico, no correré, tampoco me quedaré sin actuar, porque mi Dios está presente, incluso en mis decepciones y ¡Dios nunca cambia!

Cuando despiertes con este tipo de esperanza, cuando le des forma a cómo tratas a las personas y circunstancias, cuando tu esperanza en realidad esté en Dios y solo en Dios, engrandecerás todo lo que tocas a la medida de su reino.

Cada mañana que me saludas está llena de esperanza,
    no porque tenga éxito en lo que hago,
    ni porque la gente que está cerca me aprecia,
    ni porque las circunstancias sean fáciles,
    sino porque Dios está y es mi Padre.
Ver las mañanas de otra forma,
    es creer en una mentira.
Vivir en esperanza es vivir en verdad;
    vivir en verdad es darle a dios la gloria;
    darle la gloria a dios en mi vida diaria
    es la adoración más significativa que puedo dar.
    (PDT)

LA PREGUNTA FINAL: ¿DÓNDE TIENDES A BUSCAR TU ESPERANZA DIARIA?

18

LA SÍNTESIS

Zack está comprometido y no en el sentido romántico. Quiero decir, que está involucrado. A simple vista, la vida de Zack se ve bastante normal. Vive en la ciudad y es gerente de una tienda local de abarrotes. Tiene un círculo de amigos cercanos con quienes se mantiene en contacto siempre. Es una persona involucrada en la iglesia de su comunidad. Zack tiene treinta y un años y todavía no se ha casado, aunque sí hay una mujer en su vida.

Cuando digo que Zack está comprometido, quiero decir que la forma en la que vive es un ejemplo concreto de lo todo lo que trata este libro. Zack lo entiende, sabe lo que se necesita para engrandecer su vida a la medida del reino de Dios. Eso no significa necesariamente que vaya a renunciar a su trabajo o que se vaya a un país remoto como misionero. Puedes vivir para el reino de Dios en el mismo lugar en donde estás. De hecho, eso es exactamente lo que Dios te ha llamado a hacer y te ha dado la gracia para hacer. Veamos la vida de Zack un poco más de cerca.

Zack está en la ciudad porque es la concentración más grande de personas. Zack está emocionado con el hecho de que en la ciudad hay mucho espacio público y que comparte con decenas de personas cada día. De esa manera, tiene oportunidades naturales de saludar y al final, de conocer personas que no conocería de otra manera. ¿Por qué quiere hacerlo? Porque ha tomado con seriedad el llamado de Dios de ser sal y luz en el lugar en donde Dios lo puso. Está emocionado de las oportunidades que tiene cada día para encarnar el amor de nuestro Señor, Cristo Jesús.

Si caminaras por las calles con Zack, te convencerías de que conoce a todos en el vecindario. Nunca está muy ocupado o absorto en sí mismo para detenerse y decir hola. Después de obtener su grado académico, Zack se propuso trabajar en el área, de modo que le permitiera tener contacto diario con las personas de esta comunidad. Todos los clientes frecuentes de la tienda conocen a Zack.

A Zack lo conocen por su disposición a ayudar. A menudo, cuida el perro del vecino. Es muy grande para el apartamento donde vive Zack y babea mucho, pero, aun así, le da a Zack la oportunidad de relacionarse con la pareja que vive a la par y que está totalmente enfocada en su vida profesional. También se ha convertido en el hijo adoptivo de una anciana que vive en la misma calle. Si Zack no estuviera, sus aceras estarían cubiertas de nieve durante el invierno, además de que él se encarga de traerle las compras de supermercado.

El sábado en la mañana es el tiempo en que Zack va al parque del vecindario. Sí, necesita ejercitarse y se preocupa de estar saludable con el paso de los años, pero hay mucho más todavía. Algunos partidos de fútbol o juegos cortos de baloncesto en el parque han permitido que Zack se relacione con muchos de los jóvenes del vecindario. Aunque aprovecharía más que se uniera a un gimnasio, Zack tiene una razón mayor para quedarse en el parque.

En el verano, Zack hace todo lo posible para tener una parrillada en su terraza. Zack es un evangelista nato, pero no es alguien que fuerce las cosas. Cuando habla acerca de su relación con Cristo, las personas a su alrededor se sienten atraídos por cómo es él y empiezan a preguntarse qué lo hace tan atrayente.

CUANDO EL GRAN REINO CAMINA POR LAS ACERAS

Zack vive de esa forma por una razón: tiene sus ojos puestos en el gran reino. Podría vivir en un lugar más grande, podría tener más prestigio y tener un mejor trabajo. Podría tener cosas más bonitas y hacer algo más para él en su tiempo libre. Podría tener todas esas cosas, pero ha elegido otra vida porque no está viviendo para Zack. Zack ama vivir para el rey y estas son algunos de los cimientos de lo que significa:

Zack cree en la importancia del lugar. Cree que el rey soberano del universo lo ha puesto exactamente donde Él desea. Eso significa que debe amar a las personas que lo rodean y hacer todo lo posible para hacer un mejor lugar.

Zack cree en el ministerio como un estilo de vida. La mayoría de los cristianos cometen el error de pensar en el ministerio como un sentimiento formal. Creen que el ministerio es un programa que se calendariza. En este modelo, sales de tu vida para entrar a un ministerio y luego, sales del ministerio para regresar a tu vida. Zack cree que la vida es el ministerio, que cada dimensión de la vida humana es al menos un preámbulo para el ministerio.

Zack cree en el poder redentor de las relaciones. Zack cree que la Biblia enseña que las acciones de redención se realizan en el contexto de las relaciones. Esta es la forma en la que Dios obra en nuestra vida. Por medio de Cristo, nos acepta en una relación amorosa con Él para después trabajar de forma radical y así cambiarnos. Por ello, Zack ve cada oportunidad que tiene para construir relaciones con las personas que lo rodean.

Zack cree en la importancia de la hospitalidad. Así como Dios abrió la puerta de su familia para Zack, también Zack cree que habla con sus acciones cuando abre la puerta de su mundo privado a la gente que Dios ha puesto a su alrededor.

Zack cree que ha recibido el llamado de vivir con paciencia y perseverancia. El ministerio siempre es un proceso y no un suceso. El ministerio es la disposición de hacer inversiones a largo plazo en la vida de otros, con la esperanza de que Dios hará lo que solo Él puede hacer para que esas inversiones crezcan. Así como Zack ha hecho el compromiso con él mismo de invertir a largo plazo para amar a los demás, también recuerda la paciencia con la que su padre celestial lo ha tratado.

Dado que Zack vive de esta manera, todo es más grande de lo que se ve. El trabajo se ha engrandecido a la medida del reino de Dios. Caminar al trabajo es más que solo caminar, también se ha convertido en un trabajo del reino. Las cosas tan simples y vanas como ejercitarse y hacer una parrillada cobran un nuevo significado porque son parte de la vida ampliada de Zack.

Claro que hay veces en las que Zack sale a comer solo para tener una comida agradable o va a las películas en busca de algo de entretenimiento, pero incluso estas actividades, Zack las hace con una mano abierta, siempre listo en caso de que Dios decida alterar el plan.

¿QUÉ SIGNIFICA TODO ESTO PARA TI? ALGUNAS PREGUNTAS PERSONALES

Ahora que estás llegando al final de este libro es importante que lo uses como un espejo. Al verte a ti por medio del espejo de este libro, ¿qué ves? ¿Cuál de los dos reinos da forma a tus decisiones y define tu calendario? ¿Has encogido tu vida al tamaño de tu vida o has engrandecido todo lo que haces a la medida del reino de Dios? Estas preguntas finales se han diseñado para ayudarte a evaluar tu estilo de vida de una forma más exacta y mi esperanza es que produzcan en ti una búsqueda más.

1. ¿Estás tomando las acciones concretas en tu vida, de forma frecuente, porque estás viviendo para algo más grande que solo para la definición personal y propia de felicidad?
2. ¿Eres consciente de la naturaleza engañadora del reino del yo (recuerda, en realidad es un reino de disfraces) que examinas con regularidad tus motivos y cómo inviertes tu tiempo y energía?

3. ¿Estás viviendo la vida que da forma y libertad como el *jazz* que Dios te llamó a vivir? ¿Estás comprometido con quedarte dentro de los límites de lo que Él ha escrito, aun disfrutando de la libertad para improvisar en las situaciones y relaciones en donde te ha puesto?
4. ¿Te sientes insatisfecho con el mundo quebrantado en el que vives y trabajas todos los días? ¿Trabajas por su restauración a la integridad en la forma en la que puedas?
5. ¿Te has permitido estar ocupado con el trabajo en la tierra al punto que no tienes tiempo para anhelar el trabajo del cielo? ¿O todo lo que haces lo haces con un ojo puesto en el presente y un ojo en la eternidad? ¿Puedes lidiar con el dolor y la decepción de hoy porque en realidad te has embarcado en la promesa de un día cuando este mundo y todo en él sea completamente nuevo?
6. ¿Te aferras a tus planes, tu calendario, tu agenda, tus expectativas? ¿Estás buscando siempre formas para ser parte de lo que Dios hace en donde estés, sin importar cuán vano es el momento en el que estás?
7. ¿Vives con un agradecimiento profundo por el Señor Jesucristo y el regalo de la gracia que ha cambiado la esencia y el trayecto de tu vida? ¿Trabajas para mantener tu amor y adoración para Él, fresca y nueva? ¿Vives con la idea del privilegio de humildad que no solo te ha elegido para ser ciudadano de su reino, sino un embajador también?

Nunca volveremos a nacer para ser nosotros mismos. Fuimos creados para trascender. Los límites de nuestra vida siempre tuvieron como propósito ser mucho más grandes que los límites naturales que ya traía nuestra vida. Cuando vivimos de esta manera, por su gracia, no solo nos volvemos en parte del trabajo más importante en el universo, sino que nos regresan a nuestra humanidad. ¡Esta es la forma en la que cada ser humano fue diseñado para vivir! Aunque Dios es paciente de forma infinita, nunca aceptará los propósitos de nuestro reinito. Dado que Él nos ama tanto, llegará una y otra vez a nuestros pequeños y claustrofóbicos reinos para extraernos de ahí. Lo hará hasta cumplir su voluntad y hasta que su reino venga. ¡Esa es una razón para celebrar!

NOTAS AL FINAL

CAPÍTULO 3: UN DESASTRE TOTAL

1. Jim Collins, *Good to Great* (New York: Harper Collins, 2001), p. 1.

CAPÍTULO 5: CÓMO DESCUBRIR TU CIVILIZACIÓN

2. David W. Henderson, *Culture Shift* (Grand Rapids: Baker Books, 1998), pp. 29–30.

CAPÍTULO 6: EL REINO DEL DISFRAZ

3. Vinoth Ramachandra, *Gods that Fail* (Downers Grove, IL: InterVarsity Press, 1997), pp. 40–41.
4. Ibid., pp. 41–42.

CAPÍTULO 7: LA DINÁMICA DEL ENCOGIMIENTO

5. C.S. Lewis, *Mere Christianity* (San Francisco: Zondervan/ Harper, 2001), p. 118.